MW00414838

BREVIARIOS

del

FONDO DE CULTURA ECONÓMICA

568

Bolívar Echeverría

Definición
de la cultura

Primera edición, 2001
Segunda edición, 2010

Echeverría, Bolívar
    Definición de la cultura / Bolívar Echeverría. — 2ª ed. — México : FCE,
Editorial Itaca, 2010
        242 p. ; 17 × 11 cm — (Colec. Breviarios ; 568)
        ISBN 978-607-16-0181-0

    1. Cultura – Filosofía I. Ser. II. t.

LC HM621   Dewey 082.1 B846 V.

Distribución mundial

Diseño de portada: Paola Álvarez Baldit

D. R. © 2001, Bolívar Echeverría
D. R. © 2001, de esta edición, Facultad de Filosofía y Letras
de la Universidad Nacional Autónoma de México
04510, México, D. F.

D. R. © 2010 de esta edición David Moreno Soto
Editorial Itaca
Piraña 16, Colonia del Mar, Delegación Tláhuac,
C. P. 13270, México, D. F., tel. 58 40 54 52
itaca00@hotmail.com

D. R. © 2010, Fondo de Cultura Económica
Carretera Picacho-Ajusco, 227; 14738 México, D. F.
Empresa certificada ISO 9001: 2000

Comentarios: editorial@fondodeculturaeconomica.com
www.fondodeculturaeconomica.com
Tel. (55) 5224-4672 (Fax) 5227-4694

ISBN: 978-607-16-0181-0

Impreso en México • *Printed in Mexico*

PARA CARLOS, ALBERTO Y ANDRÉS

NOTA PRELIMINAR

La publicación del presente texto, transcripción corregida de las lecciones de "Introducción a la filosofía de la cultura" que impartí hace ya veinte años en la Facultad de Filosofía y Letras de la Universidad Nacional Autónoma de México, se debe a la reiterada propuesta de hacerlo, primero de Marco Aurelio García Barrios y después de David Moreno Soto. El trabajo de establecimiento y depuración del mismo corrió enteramente de su parte. Soy el primero en reconocer las deficiencias tanto de contenido como de exposición, pero subsanarlas hubiera requerido un tiempo de trabajo del que no dispongo actualmente. Pienso, sin embargo, que, pese a ellas, puede ser útil para iniciar a quienes comienzan a internarse en el campo de los estudios culturales; puede ayudarles en el planteamiento de algunos temas centrales del mismo.

Expreso aquí mi agradecimiento a la Freie Universität Berlin (Lateinamerika Institut) y al Deutscher Akademischer Austauschdienst por su invitación a la estancia de investigación en la que pude terminar este libro.

México, D. F., enero de 2001

PRÓLOGO

A comienzos del siglo XX, el panorama de la investigación de los fenómenos culturales y de su historia tenía ya una gran amplitud. A comienzos del siglo XXI se ha vuelto inabarcable. No sólo porque a las grandes orientaciones de su estudio en el siglo XIX —la filosófica, la sociológica y la antropológica— se sumaron otras —la psicoanalítica, la semiológica—, sino también porque, dentro de cada una de ellas, las corrientes se han multiplicado al mismo ritmo que han proliferado las combinaciones entre las mismas.

No puede decirse lo mismo, en cambio, del panorama que presentan las propuestas tendientes a armonizar entre sí, en la medida de lo posible, esas distintas orientaciones y corrientes. Es como si el esfuerzo teórico que ello implica no valiera la pena. Aceptada la dimensión cultural de la vida social como un hecho de realidad indudable, los esquemas metodológicos de las distintas orientaciones de investigación la convierten en su objeto de estudio particular sin preocuparse demasiado por proponer o aceptar una clave explicativa capaz de hacer que los descubrimientos alcanzados dentro de su versión particular de la realidad cultural sean "conmensurables" con los que pudieran lograrse a partir de los demás esquemas metodológicos que trabajan sobre ella.

Una especie de desconfianza frente a la teoría —que en muchos casos es "horror a la teoría"— atraviesa el horizonte de la investigación científica de los fenómenos culturales;[1]

---

[1] Desconfianza u "horror" que comparte con todas las ciencias históricas, sociales o humanas y que no se explica solamente como una reacción

desconfianza que, por un lado —el menos malo—, abre las
puertas a la arbitrariedad especulativa en la "antropología
filosófica" y, por otro —el peor—, fomenta la proliferación
de teorías *ad hoc*, ansiosas de sustituir con ideologemas sa-
cados de las luchas por la supremacía étnica, social, religiosa
o política los teoremas clave que se requieren para alcanzar
una "traducción múltiple y cruzada" de los distintos saberes contemporáneos sobre la dimensión cultural de la vida
humana.

El presente texto contiene la formulación de un concepto
de cultura que pretende aportar a esa impostergable "traducción" entre las diferentes "lenguas" de las distintas ciencias de lo humano, ayudar a que todas éstas —la historia
económica lo mismo que la antropología, el psicoanálisis
y la semiología— atraviesen la "prueba de Babel" y se co-
necten las unas con las otras, no en el afán de alcanzar una
summa imposible —y por lo demás indeseable—, sino con
la intención de abrir los diques que las ortodoxias discipli-
narias ponen a la voluntad de comprender y de llevar así a
los muchos saberes sobre lo humano a rebasarse a sí mismos
en la confrontación con los otros.

de defensa ante los desbordamientos especulativos y sistematizadores de la
filosofía o la teoría pura. La noción de totalidad, la convicción de que "todo
tiene que ver con todo" en el mundo de lo humano, ha invadido lentamente los diferentes saberes especializados durante todo el siglo xx, los ha puesto
en un dilema y los ha sumido en una crisis. Por un lado, ha desdibujado
el objeto particular de cada uno de ellos mostrándolo incompleto, referido a otros similares a él pero heterogéneos. Por otro lado, ha mostrado
que la construcción ecléctica de un solo objeto total, "interdisciplinario",
resulta tan difícil como la cuadratura del círculo. Nacidas de la disyunción,
las distintas ciencias sociales deben perseguir ahora una conjunción que las
descompone, pues amenaza con descalificar en cada una de ellas la "perspectiva" que le es inherente.

No es necesario mencionar —el lector lo notará de inmediato— que este concepto trata de aprovechar como plataforma de partida la rica tradición del discurso crítico (Lukács, Bloch, Lefebvre) que inició Karl Marx en el siglo XIX, así como las enseñanzas en mucho contrapuestas pero en mucho también complementarias de la "teoría crítica" (Horkheimer, Adorno, Benjamin), por un lado, y de la deconstrucción de la antropología metafísica (Heidegger, Sartre), por otro.

LA DIMENSIÓN CULTURAL
DE LA VIDA SOCIAL

> Y cuando ya todo estuvo junto, vino
> el espíritu y lo puso en orden.
>
> ANAXÁGORAS

TRES SON los temas que intentamos tocar brevemente en esta primera lección. Primero, el de la "dimensión cultural" del conjunto de la vida humana; segundo, el de la historia de las distintas definiciones de la cultura, y, tercero, el de la problemática actual en torno al estudio de la cultura y su historia. Se trata de reconocer la presencia de esta dimensión, describirla a partir de sus efectos en la realidad social y en el acontecer histórico; tener en cuenta el sentido de las variaciones que se observan en la aproximación del discurso autorreflexivo europeo a los problemas de la cultura, y plantear, por último, la perspectiva específica de nuestra época en la tematización de la dimensión cultural.

LA DIMENSIÓN CULTURAL

Para construir una canoa, y antes de iniciar la tarea de echar abajo el árbol escogido para el efecto, los nativos de las islas Trobriand, según lo describe Malinowski, realizan toda una serie de otras operaciones destinadas a "limpiarlo" de su conexión con el resto del bosque. Piensan que cada uno de los árboles pertenece al bosque como si fuera un miembro identificado del mismo, que el bosque en cuanto tal tiene una presencia y un poder unitarios; que es necesario tratar con él mediante determinados ritos y conjuros para que del árbol que se le arranca salga una canoa buena para navegar, pescar, transportar, jugar, etcétera.

La descripción etnográfica de corte empirista supone un modelo ideal del proceso de trabajo, de la estructura técnicofuncional mínima que deben tener tanto el diseño como los utensilios y las operaciones manuales necesarias para construir una pequeña embarcación de madera. Lo reconoce plenamente en el trabajo de los trobriandeses, pero observa que, en su caso, dicho modelo se encuentra enriquecido o bien deformado por la presencia, dentro de él, de un conjunto de operaciones "sobrefuncionales", instrumentalmente superfluas, de orden puramente ceremonial, "irracional" desde el punto de vista económico.

La peculiaridad de la técnica empleada —que se extiende, por lo demás, a todos los ámbitos de la vida de los nativos de las islas Trobriand— pone de manifiesto de manera especialmente clara la vigencia de un nivel del comportamiento social que parece "innecesario" desde la perspectiva de la eficiencia funcional en la producción y el consumo de las condiciones de supervivencia del animal humano, pero que, sin embargo, acompaña a éstas inseparablemente, afirmándose como pre-condición indispensable de su realización. Un momento, elemento o componente de orden "mágico" demuestra ser constitutivo de la "civilización material" de los trobriandeses.

"Disfuncional" es también el comportamiento de aquellos grupos étnicos de la Amazonia recordados por Lévi-Strauss en *Tristes trópicos* que viven (si viven todavía) dentro de un medio natural rico en determinadas substancias alimenticias, mismas que, sin embargo, no entran en la dieta de esta sociedad. Se trata de substancias que no son gustadas y consumidas como alimento pese a que el grupo sabe que no son venenosas ni dañinas y que incluso podrían ayudar al mantenimiento y al crecimiento del cuerpo. Simplemente no concuerdan con el principio mágico e "irracional" que delimita y define aquello que es comestible en contraposición a lo que no lo es. En este ejemplo, a diferencia del anterior, la pre-condición del cumplimiento de una función social no conmina a un hacer sino a un no hacer, es una prohibición. Pero en ella se distingue también, con igual claridad, que en el enfrentamiento a la naturaleza, en la realización de los actos de producción y consumo, las sociedades "primitivas" conocen un escenario de reciprocidad con ella y un orden de valores para su propio comportamiento que trasciende o está más allá del plano puramente racional-eficientista de la técnica, que rebasa el plano de los valores meramente pragmáticos o utilitarios.

¿Es posible generalizar este rasgo llamativo de la existencia de los "pueblos primitivos" y afirmar que, en todos los casos imaginables —incluso en las civilizaciones actuales de Occidente, en donde la técnica moderna parece haber "desencantado" al mundo, barrido con la magia y la superstición y logrado depurar al proceso de producción/consumo de todo ingrediente ajeno a la efectividad instrumental— la reproducción social del ser humano requiere para su cumplimiento de una "pre-condición" que resulta, si no ajena, sí de un orden diferente al de las condiciones operativas reconocibles en la perspectiva funcional de la vida animal y su derivación humana? ¿Hay una "dimensión" de la existencia social del tipo de aquel que entre los pueblos de las islas Trobriand está casi plenamente ocupado por la magia, una "dimensión cultural" que es esencial para esa existencia y que es irreductible al nivel dominado por la técnica utilitarista?

Lo que sigue a continuación intenta argumentar en el sentido de una respuesta afirmativa a esta pregunta. Aún más, intenta mostrar que es en la dimensión cultural de la existencia humana, en ese nivel "meta-funcional" de su comportamiento, en donde dicha existencia se afirma propiamente como tal.

1. En primer lugar, es conveniente dejar claro que las señas de presencia de la dimensión cultural de la vida humana desbordan todo intento de concebir a ésta como un conjunto de hechos específicos que tuvieran una vigencia independiente o exterior —sea como una co-estructura o bien como una supra-estructura— respecto de la realidad central o básica de los procesos reproductivos de la vida humana. El "mundo de la cultura" no puede ser visto como el remanso de la improductividad permitida (en última instancia recuperable) o el reducto benigno (en última instancia suprimible) de la irracionalidad que se encontraría actuando desde un mundo exterior, irrealista y prescindible, al servicio de lo que acontece en el mundo realista y esencial de la producción, el consumo y los negocios. Su intervención es demasiado frecuente y su vigencia demasiado fuerte en el mundo de la vida como para que una visión así pueda aceptarse sin hacer violencia a la mirada misma.

La realidad cultural da muestras de pertenecer orgánicamente, en interioridad, a la vida práctica y pragmática de todos los días incluso allí donde su exclusión parecería ser requerida por la higiene funcional de los procesos modernos de producción y consumo.

Es un hecho cada vez más reconocido, por ejemplo, que las formas de manifestación de la técnica moderna resultan indispensables para la realización de los contenidos de la misma o, con otras palabras, que la peculiaridad del diseño técnico es constitutiva de la técnica diseñada; por lo tanto, que lo aparentemente "accesorio" resulta indispensable para lo "esencial".

No es extraño en los medios de la investigación científica oír que la belleza y la verdad de un teorema matemático llegan a confundirse en el momento más creativo de su formulación. Tampoco es una novedad para la sociología del trabajo encontrar que incluso los obreros de las sociedades occiden-tales "más desarrolladas" no cumplen las mismas operaciones técnicas de igual manera —con la misma eficiencia— en un "ambiente fabril" determinado que en otro diferente.

No parece existir un proceso técnico de producción en estado estrictamente puro. Todo proceso de trabajo está siem-pre marcado por una cierta peculiaridad en su realización concreta, misma que penetra y se integra orgánicamente en su estructura instrumental y sin la cual pierde su grado ópti-mo de productividad. La historia de la tecnología comprue-ba que, aún después de la Revolución industrial del siglo XVIII, no es una, sino son muchas las "lenguas" que llevan a cabo la actualización o la codificación en términos pragmá-ticos efectivos —es decir, de optimización funcional— de los descubrimientos científicos.

2. En segundo lugar, es necesario insistir en que esta di-mensión precondicionante del cumplimiento de las funcio-nes vitales del ser humano es una instancia que determina las tomas de decisión constitutivas de su comportamiento efec-tivo y no un simple reflejo o manifestación de otras instancias que fuesen las decisivas. La historia de los sujetos humanos sigue un camino y no otro como resultado de una sucesión de actos de elección tomados en una serie de situaciones concretas en las que la dimensión cultural parece gravitar de manera determinante.

La posibilidad de transformación de una técnica dada no siempre es aprovechada históricamente de la misma manera. Una especie de voto sagrado de ignorancia —que documen-ta tal vez una sabiduría más totalizadora o "dialéctica" que la del entendimiento moderno— parece, por ejemplo, haber impedido a los teotihuacanos el empleo "productivo" de la rueda y a los chinos el de la pólvora.

Mencionemos lo que dice Lévi-Strauss en un trabajo que versa sobre el "falso primitivismo" de ciertas tribus amazónicas. Los Nambikwara, dice, son maestros en ciertas técnicas que no les sirven de nada. Mientras tanto, tienen necesidad de determinados elementos naturales cuya apropiación requeriría de una técnica que, pese a ser mucho menos elaborada, no les despierta el menor interés.[1] Es como si una fidelidad al esquema técnico de su pasado dorado les obligara a mantenerlo incluso cuando su decadencia lo ha vaciado de contenido práctico y les impidiera, al mismo tiempo, reconocer las exigencias técnicas de otros posibles contenidos pragmáticos.

Cosa parecida puede decirse también del aparecimiento de posibilidades de transformación del mundo institucional. Tampoco ellas se actualizan históricamente de la misma manera; la dimensión cultural de los sujetos sociales que las perciben y experimentan hacen que redunden en realidades sociales muy diferentes entre sí.

Recordemos, por ejemplo, lo que podríamos llamar la puesta en práctica de la doctrina cristiana en Europa. Por más que el intento fue en un principio católico, es decir, universal (para el "universo" del imperio romano), el cristianismo tuvo siempre la tendencia a ser adoptado de una cierta manera en el norte de Europa y de otra diferente en el sur. En tanto que religión para colonizar a los "bárbaros", fue aceptada o adoptada por los pueblos del norte europeo con una determinada figura que se distanciaba considerablemente de la

---

[1] Lévi-Strauss no pierde oportunidad de jugar con el escándalo que implica para la mentalidad moderna tradicional el reconocer que por debajo de comportamientos "primitivos", aparentemente irracionales, prevalece una "racionalidad" que es capaz de sorprenderla por su fuerza y su despliegue impenetrables.

que adoptó como religión de los pueblos mediterráneos, semitas y grecorromanos. La división que vendrá después entre el cristianismo católico romano y el cristianismo protestante no hará más que funcionalizar en términos modernos la subordinación de una argumentación teológica a dos modos contrapuestos del trato con lo Otro y de autoidentificación. Esta división mostraría en la historia una presencia diferente de aquello que es "trabajado" o cultivado por la dimensión cultural de la sociedad en el norte y en el sur de Europa.

Lo mismo podría decirse de otros hechos dentro de la historia de lo social como, por ejemplo, los de orden político. La democracia —concebida como un procedimiento moderno, inventado dentro de la cultura cristiana calvinista o noreuropea, de construir una voluntad representativa de la sociedad civil en la que el consenso es capaz de prevalecer sobre la guerra de todos contra todos— ¿ha podido, después de dos siglos de intentarlo, hacer abstracción de su origen cultural y adaptarse a las otras culturas políticas modernas —a otros intentos o esbozos de democracia— occidentales u orientales? O el "socialismo real": ¿ha sido la misma cosa en Alemania o en China que en Rusia o en Cuba?

Por lo demás, la dimensión cultural no sólo es una precondición que adapta la presencia de una determinada fuerza histórica a la reproducción de una forma concreta de vida social —como en el caso de la doctrina cristiana, el procedimiento democrático o la colectivización del capitalismo—, sino un factor que es también capaz de inducir el acontecimiento de hechos históricos.

Rosa Luxemburg insistió —y con ella otros marxistas— en la inmadurez de la situación histórica de Rusia en 1917 para dar lugar a una revolución socialista digna de ese nombre. En efecto, la economía, la sociedad y la política de Rusia se caracterizaban a comienzos de siglo por el "atraso", por la falta de condiciones para que en ella hubiera una demanda auténtica de socialismo, es decir, la necesidad de una revolución proletaria. La "madurez" de la situación revolucionaria se gestaba allí por otra vía: en ninguna otra parte de Europa la dimensión cultural de la vida social había alcanzado un grado tan alto de densidad conflictiva. La cultura rusa —los escritores rusos de la Edad de Oro no se cansaron de insistir en ello— estaba necesitada de una revolución desde hacía varios decenios. La situación de crisis cultural radical que se planteó ya desde el siglo XVIII con la "occidentalización" de Pedro el Grande se agudizó a partir de la liberación de los siervos en 1861 y determinó un peculiar fenómeno de permutación: aquello que, en principio, sólo podría salir de la maduración de unos conflictos económicos y políticos propios de las situaciones capitalistas desarrolladas pudo ser sustituido por el resultado de la maduración de un conflicto cultural en una situación subdesarrollada.

Puede verse, entonces, que la dimensión cultural de la existencia social no sólo está presente en todo momento como factor que actúa de manera sobredeterminante en los comportamientos colectivos e individuales del mundo social, sino que también puede intervenir de manera decisiva en la marcha misma de la historia. La actividad de la sociedad en su dimensión cultural, aun cuando no frene o promueva procesos históricos, aunque no les imponga una dirección u otra, es siempre, en todo caso, la que les imprime un sentido.

Sea en ciernes (funcionalista) o desarrollada (estructuralista), la antropología moderna ortodoxa topa con sus límites cuando debe intentar la explicación de ciertos comportamientos sociales —incongruencias, "cegueras", suicidios, etcétera, individuales o colectivos— que resultan absurdos cuando, en el "equilibrio interno" del sistema que los constituye, se ve únicamente la decantación o cristalización de una estrategia de supervivencia o de mantenimiento de la vida humana, concebida ésta como una simple variedad específica de la vida animal.

Una crítica de la antropología moderna sólo puede partir del reconocimiento que acabamos de intentar: hay algo —una pre-condición cultural, decimos— que rebasa y trasciende la realización puramente "funcional" de las funciones vitales del ser humano; un excedente o *surplus* ontológico que, en lugar de ser subsumido en el tratamiento de otras dimensiones de la reproducción social, debe ser tematizado de manera propia.

Resulta indudable que la vida social y la historia humana no se rigen exclusivamente por lo que podría llamarse una prolongación (un desarrollo o un "perfeccionamiento") de la "lógica" específica de la vida animal. Es innegable una discontinuidad. La existencia humana presenta determinados comportamientos —ciertas acciones o ciertos modos de los mismos que no son periféricos o accidentales dentro de la vida social y la historia humana sino, por el contrario, centrales y determinantes en su propio desenvolvimiento— que poseen coherencias propias, "disfuncionales" respecto de la "animalidad humanizada" e irreductibles a ella. Podría decirse incluso, como lo hace Martin Heidegger, que "no es la ek-sistencia humana la que puede derivarse a partir de la *animalitas*, sino al contrario, la animalidad del hombre la que debe definirse a partir de los modos de su ek-sistencia".

LA IDEA DE CULTURA EN EL DISCURSO MODERNO

La idea de cultura en el discurso moderno se construye en torno a la convicción inamovible pero contradictoria de que hay una substancia "espiritual" vacía de contenidos o cualidades que, sin regir la vida humana ni la plenitud abigarrada de sus determinaciones, es sin embargo la prueba distintiva de su "humanidad". Esta noción inconsistente, según la cual la vaciedad aparece como garantía de la plenitud, lo abstracto como emblema de lo concreto, constituye el núcleo de la idea de cultura en el discurso moderno. Por esta razón, la actividad que se afirma como puramente cultural, como una actividad que persigue efectos culturales de manera especial y autónoma es comprendida como el intento en verdad inútil (siempre fallido) e innecesario —incluso profanatorio— de "nombrar" o invocar directamente lo que no debería mencionarse ni tematizarse sino sólo suponerse, la quintaesencia de lo humano: el espíritu. La obra cultural de una comunidad moderna es, así, a un tiempo, motivo de orgullo —porque enaltece su "humanidad"— y de incomodidad —porque enciende el conflicto de su identificación.

El mundo de la vida moderna —inmensa e intrincada maquinaria dentro de cuyas proporciones inabarcables y a través de cuya complejidad impenetrable el ser humano de la técnica racional ha aprendido a moverse soberanamente— ha sido, sin embargo, percibido por el hombre, en el desarrollo de su actividad, siempre como un inmenso encantamiento, como una realidad que descansara en un conjuro, en una palabra mágica, supuesta pero imprescindible, innombrable pero determinante. Un conjuro que tuviera la consistencia de un fantasma y que habitara en su mecanismo,

que fuera coextensivo a su estructura o al propio material
con el que está hecho, un "*ghost in the machine*" (A. Koestler).
Una palabra mágica o un fantasma sin el cual la máquina,
en sí misma perfecta, carecería de substancia.

La inversión de la relación de dependencia en que se encuentra el valor económico de las cosas respecto de su valor
de uso —inversión que obliga a explicar las infinitas diferencias cualitativas del mundo de las cosas como una emanación
del sujeto humano, dado que él es el generador de ese valor
económico— no lleva al hombre moderno a abandonar la
noción de espíritu como una capacidad meta-física o sobre-
natural que actúa directamente para otorgar realidad a las
cosas y al mundo de la vida; lo lleva más bien a ratificarla y
a re-encontrar esa capacidad en el ser humano, delegada en
él definitivamente en tanto que sujeto del proceso de trabajo
y, especialmente, en tanto que agente del *know how* racional
referido a la estructura técnica de este proceso.

El discurso moderno reconoce en calidad de "espíritu"
a la traducción mitificada de algo que se percibe en la experiencia radical o constitutiva del núcleo civilizatorio de la
modernidad, la experiencia de que lo Otro, vencido por el
hombre, se encuentra en proceso de ceder a éste su potencia
y de incrementar en él aquello que es el principal instrumento de su propia derrota: la capacidad de la técnica racional de incrementar explosivamente la productividad del
proceso de trabajo.

El término *cultura* apareció en la sociedad de la Roma
antigua como la traducción de la palabra griega *paideia*: "crian-
za de los niños"; traducción que, desusadamente, no respeta
del todo la etimología de dicha palabra.[2] Desde entonces,

___

[2] Más que el concepto de *paideia*, elegido por W. Jaeger (*Paideia, la formación del hombre griego*) en su politización nacionalista romántica de la

con extraña firmeza, su concepto, enraizado en la noción de "cultivo", ha mantenido invariable su núcleo semántico. Se trata del cultivo de la *humanitas*, de aquello que distingue al ser humano de todos los demás seres; de una *humanitas* concebida, primero, como la relación de las comunidades grecorromanas con los dioses tutelares de su mundo; después, como el conjunto de las costumbres, las artes y la sabiduría que se generaron en ese mundo, y, por último, esta vez en general, como la actividad de un espíritu (*nous*) metafísico encarnado en la vida humana. En un sentido para bien, y en otro para mal, esta acepción occidentalista y espiritualista que está en el núcleo del concepto de cultura sólo se ha visto cuestionada en la segunda mitad del siglo XX gracias a la propagación que ha tenido la terminología propia de la antropología empírica funcionalista a través de los *mass media*.

En la perspectiva del presente curso, resultan especialmente aleccionadoras las peripecias de ese núcleo semántico del término "cultura" en la historia del discurso moderno relatadas por Norbert Elias en su libro *Sobre el proceso de la civilización*. El concepto de cultura aparece allí sobre todo dentro de la oposición que enfrenta la idea de "cultura" a la de "civilización".

La redefinición moderna del viejo término "cultura" comenzó a gestarse con una intención neoclásica en el siglo XVIII en Alemania, en contraposición al sentido que el término barroco *civilization* tenía en las cortes francesas e inglesas. Aparece junto con la afirmación de una determinada

---

tradición filológica alemana, es el concepto de *éthos* —hábito, costumbre, morada, refugio— el que parece obedecer a la percepción que los griegos de la antigüedad tuvieron de la dimensión cultural a la que hacemos referencia. El eje del "modo de vida", el núcleo del *éthos* como *nous* ("espíritu") sería justamente el principio que le da su concreción a la coherencia de la realidad en su conjunto (*kosmos*), tanto natural como política.

clase media intelectual, al amparo del conflicto empatado entre la nobleza y la burguesía. Estas dos clases habían establecido entre sí determinadas relaciones de compromiso, un *status quo* que servía a la burguesía para implantar el modo de producción capitalista mientras permitía a la aristocracia asegurar y exagerar sus privilegios. En medio de la coexistencia pacífica entre ellas, aparece esta capa intelectual, representante de la fracción más radical de la burguesía, y comienza a plantearse la distinción entre lo que sería propiamente una cultura "viva", que ella exalta como lo más espiritual, y lo que es la cultura muerta o simplemente "civilizada", que ella denigra como una traición al espíritu.

Los intelectuales pequeñoburgueses se atreven a "mirar por encima del hombro", en el terreno del espíritu, a los aristócratas, cuyo comportamiento vacío y frívolo desdice de la superioridad jerárquica que ostentan en lo social y lo político. Ilustrados, seguidores de los "*philosophes*" franceses, afirman que lo valioso, lo que corresponde a la verdadera cultura, consiste en marchar con el desarrollo de la ciencia, con la comprensión efectiva de lo que encierran las formas del universo, comprensión que capacita al hombre para modificarlas de acuerdo a sus necesidades.

Para alguien como Kant, situado en la línea que lleva de la Ilustración alemana (la *Aufklärung*) al Romanticismo, ser "civilizado" consiste en reducir la moralidad a un mero manejo externo de los usos o las formas que rigen el buen comportamiento en las cortes de estilo versallesco, con indiferencia respecto del contenido ético que las pudo haber vivificado en un tiempo; ser "culto", en cambio, es poseer la capacidad de crear nuevas formas a partir de contenidos inéditos.

Esta oposición semántica original va a cambiar más adelante, a comienzos del siglo XIX, en Alemania. El concepto de cultura va a reservarse para las actividades en las que la creatividad se manifiesta de manera pura, es decir, en resistencia deliberada a su aprovechamiento mercantil, mientras que el de civilización va a aplicarse a las actividades en las que la creatividad se ha subordinado al pragmatismo económico.

Mientras en Francia el concepto de civilización mantiene su definición corregida por el neoclasicismo de la Ilustración y, lejos de afirmarse en contradicción frente a la idea de cultura, pretende incluirla y definirla como la versión más refinada de sí misma, en Alemania el concepto de cultura se vuelve romántico, define a ésta como el resultado de la actividad del "genio" creador y reduce a la civilización a mero resultado de una actividad intelectualmente calificada.

La "aristocracia del espíritu", que los intelectuales radicales de la burguesía ilustrada en Alemania habían opuesto a la aristocracia de la sangre, cambia de elemento de contraste cuando su propia clase, como agente modernizador, deja de necesitar la justificación que le prestaba la nobleza y pasa a justificarse a sí misma en virtud de su capacidad de crear los Estados nacionales modernos. La "aristocracia del espíritu" saca ahora su razón de ser de la contraposición a un enemigo diferente, de la necesidad de criticar los puntos de fracaso del proceso de modernización europeo; proceso que se inscribe a sí mismo en una historia concebida como el progreso de la civilización, de la creatividad sometida al pragmatismo de la ganancia mercantil. El genio creador que ella representa y encarece es el "genio del pueblo", que se encontraría falseado y empequeñecido en las instituciones políticas de los Estados, convertido en simple voracidad civilizatoria, privado de su búsqueda de sentido, de su "alma", de su riqueza histórica y proyectiva.

Frente al concepto de civilización definido en la Francia del imperio napoleónico, que retrata y expresa la ciega persecución progresista de todo lo que es innovación técnica y social, de espaldas a la tradición y a la herencia espiritual, el romanticismo alemán planteaba su idea de cultura ligada justamente tanto a la noción de "espíritu" —sea éste puro o práctico— como a la de un fundamento popular de toda cultura. Los románticos retomaron la vieja convicción barroca de que el único agente de la creación cultural efectiva es el pueblo y que las otras capas, la burguesía y la nobleza, lo único que hacen es, cuando no lo traicionan, aprovechar y refinar los esbozos de obras que él les entrega.

Esta definición romántica de la cultura, que en su momento inicial coincide con la línea histórica de la emancipación moderna, se apartará de ella a lo largo del siglo XIX. Los primeros románticos tenían un concepto clasista y no etnicista de "pueblo"; percibían la presencia del espíritu a partir del reconocimiento de una pluralidad de culturas. Planteaban con ello el gran problema de la unidad y la diversidad del espíritu humano, como lo hizo, por ejemplo, Wilhelm von Humboldt al tratar "la unidad y la diversidad de las lenguas humanas". Los románticos tardíos o románticos "de Estado", en cambio, vendrán no sólo a introducir una concepción "realista" del espíritu (pragmatista y elitista a la vez), sino a combinarla con una definición etnicista de "pueblo". Los pueblos de Europa configurados como "grandes naciones" serían los verdaderos "pueblos de cultura"; su genio creativo estaría concentrado lo mismo en las proezas bélicas e industriales de sus respectivos Estados que en las proezas científicas y artísticas de sus individuos excepcionales. Los demás serían "pueblos naturales", carentes de cultura o creatividad espiritual, dueños de una civilización incipiente, destinados a un aprendizaje y una dependencia sin fin.

En un sentido diferente al de este desarrollo de la oposición terminológica entre "cultura" y "civilización", en el ámbito del discurso inglés, que siempre ha afirmado su excentricidad respecto del "continental", el concepto de cultura aparece directa y abiertamente como elemento central de una etnografía colonialista. Opuesto al concepto de civilización, que queda reservado para la sociedad moderna y, por extensión, para las más grandes sociedades del pasado, su concepto de cultura —conocido como "antropológico"— se refiere al sinnúmero de "civilizaciones en ciernes", detenidas en un bajo nivel de evolución y en las cuales la presencia del espíritu tiene que ser rastreada en su modo de vida, en su "civilización" meramente "material".

La investigación etnológica inglesa, que tiene su primera sistematización en la obra de Edward Tylor, cuyo título es revelador —*Primitive Culture*—, comienza por poner entre paréntesis aquello —el espíritu— que permitirá decir *off the record* que la cultura occidental no es una mera "cultura", sino propiamente una "civilización". Sólo entonces reconoce, con espíritu práctico, minucioso e igualitario, que todas las innumerables maneras de comportarse de los seres humanos en las distintas sociedades conocidas, que sus muy diferentes modos de ser, son todos ellos igualmente válidos si se tienen en cuenta las circunstancias naturales en las que se desarrollan; que cada una de estas culturas es una totalidad funcional de comportamientos específicos, totalidad que se mantiene en equilibrio mediante una variedad de estrategias que es digna de estudiarse. "Cultura —dirá Margaret Mead— es el conjunto de formas adquiridas de comportamiento, formas que ponen de manifiesto juicios de valor sobre las condiciones de la vida, que un grupo humano de tradición común transmite mediante procedimientos simbólicos (lenguaje, mito, saber) de generación en generación".

Una militancia etnocentrista innegable subyace bajo este discurso científico para el que lo espiritual, la capacidad de encauzar en sentido productivista la autorrepresión individual, es como una gracia divina (de ahí el paréntesis mencionado más arriba) otorgada a una cultura elegida, la cultura cristiana reformada de la Europa moderna. Consiste en una racionalización implícita que explica la existencia de lo propio no como resultado de una estrategia automática e impuesta de supervivencia (de una necesidad material), sino como fruto de una decisión voluntaria o libremente elegida (de una virtud espiritual). Todo aquello de lo propio que es esencial para su existencia pero que no es posible reconocerlo como tal y que sólo puede anunciarse en calidad de reprimido —la atadura a los bajos instintos, el irracionalismo, etcétera— tiene que encontrarse en lo ajeno y tiene que aparecer justamente en calidad de causa de su "primitivismo".

EL PROBLEMA ACTUAL EN LA DEFINICIÓN DE LA CULTURA

Como puede verse, ha habido un complicado juego de variaciones de la acepción del concepto de cultura a lo largo de la historia moderna. No interesa hacer aquí una relación del panorama de definiciones al que ese juego ha dado lugar; tarea que, por lo demás, no estaríamos en capacidad de cumplir. Lo que sí conviene al menos mencionar es aquello que parece estar debajo de las transformaciones de este concepto.

Recordemos, para ello, la polémica que tuvo lugar a finales de los años cincuenta —que en su momento llegó hasta las primeras planas de los periódicos— entre Claude

Lévi-Strauss y Jean-Paul Sartre. A nuestro entender, en esta polémica —que terminó por girar en torno al tema de la especificidad del ser humano— llegó a concentrarse lo principal de la problemática contemporánea de la definición de cultura.

Sartre le hizo a Lévi-Strauss una objeción de principio: estudiar al ser humano como si la vida humana en sociedad fuera la de una colmena o una colonia de hormigas equivale a no estudiarlo del todo, a dejar fuera de consideración lo esencial. Para Sartre, toda la antropología que quiere levantar Lévi-Strauss se basa en la pretensión de tratar teóricamente a la vida humana como si fuera simplemente una variante de la vida animal. Se trata de una nueva manera, si se quiere revolucionaria, de insistir en el mismo error básico de las ciencias antropológicas modernas: creer que hay cómo encontrar leyes naturales en un mundo cuya peculiaridad está justamente en ser una trascendencia del mundo natural.

Lévi-Strauss, por su parte, acusó a Sartre de pretender introducir el concepto metafísico de libertad en un mundo que está regido por leyes precisas e inmutables, pretensión que lo llevaría ineluctablemente a desembocar en un espiritualismo sin fundamento. Lévi-Strauss, desde su libro innovador *Las estructuras elementales del parentesco*, ha insistido en destacar la presencia de códigos o conjuntos de normas que rigen ciegamente en la vida social, que se imponen a los individuos sociales sin que éstos puedan hacer nada decisivo ni a favor ni en contra de su eficacia. Hay, por ejemplo, ciertas identificaciones de los miembros de una comunidad de acuerdo a sus relaciones de parentesco que pueden regir el comportamiento de unos respecto a otros en la vida social tal como rigen las leyes biológicas o fisiológicas en el mundo animal. Para Lévi-Strauss, la antropología sólo puede ser una ciencia si alcanza a poner de manifiesto estas leyes, a reconocer estas estructuras en el comportamiento social.

Sartre insiste en que si hay algo peculiar en el hombre ello no reside propiamente en el grado —si se quiere cualitativamente superior— de complejidad de las estructuras que rigen su comportamiento, sino en el modo como esas estructuras se vuelven efectivas en la vida social concreta, esto es, en el hecho de que lo hacen gracias a y mediante la intervención de la libertad de los individuos sociales.

El individuo social es, para Sartre, un ente dotado de iniciativa, capaz de trascender las leyes naturales, capaz de implantar una nueva legalidad encabalgándola sobre esa legalidad natural. Sartre no afirma que el comportamiento del ser humano no esté determinado por la estricta vigencia de ciertas estructuras naturales, sino que el modo humano de vivir ese comportamiento implica la presencia de la libertad.

Por su parte, tampoco Lévi-Strauss pretende reducir lo humano a la simple animalidad; nadie como él ha sabido explorar la capacidad exclusiva del ser humano dentro de todo el universo de crear reglas de juego, estructuras, formas para su comportamiento y de variarlas inagotablemente.

El enfrentamiento entre el "estructuralismo" de Lévi-Strauss y el "existencialismo" de Sartre parece ser una variación más del combate permanente que Nietzsche observa en la historia de la cultura occidental entre el principio "apolíneo", que afirma la preeminencia de la forma institucional y el *nomos* (la estructura) en la constitución de la vida humana, por un lado, y el principio "dionisiaco", por otro, que ve en ésta principalmente lo que en ella hay de substancia pulsional e irrupción anómica (de "ek-sistencia").

Este enfrentamiento puede ser visto también, dentro de la aproximación semiótica al comportamiento humano, como una lucha entre quienes, partiendo del planteamiento hecho por Saussure acerca de la constitución bifacética o del doble aspecto del hecho lingüístico o de la semiosis en general —vigencia de la estructura, lengua o código, por un lado, y actividad de habla o de uso, por otro—, se inclinan por la preeminencia ontológica de uno u otro de esos dos lados. ¿Es el significar humano un simple despliegue del repertorio finito de significaciones que se encuentra ya contenido en la estructura? ¿Está condenado a ser analítico o tautológico, carente de creatividad o capacidad sintetizadora? ¿Es la lengua la que —como lo plantearía el postestructuralismo de inspiración heideggeriana— "habla en nosotros y a través de nosotros", y no nosotros los que la hablamos? ¿O, por el contrario —como lo plantearía el existencialismo ahistoricista—, las estructuras no son otra cosa que instrumentos desechables para la actividad inventiva del sujeto humano, que es fuente de toda significación y es capaz de ponerlas o quitarlas de acuerdo a las necesidades de su despliegue existencial?

En el primer caso las estructuras permanecerían inamovibles y los seres humanos concretos no seríamos otra cosa que corporizaciones singulares de las formas sociales. Lo determinante sería la identidad comunitaria, transmitiéndose de generación en generación; los individuos sociales y el sujeto social global, la comunidad, no estarían ahí más que como vehículos de la permanencia o como soportes de la dinámica de las formas identitarias (la "esencia humana", lo "occidental", lo "mediterráneo", lo "ario", etcétera). En el segundo caso, por el contrario, serían las formas las que carecen de consistencia propia y no pasan de ser meros encantamientos instantáneos, meras proyecciones o emanaciones narcisistas en las que el sujeto se pone caprichosamente ante sí.

La problemática actual en torno a la definición de la cultura puede comprenderse como la culminación de un conflicto tradicional que enfrenta entre sí a estas dos posiciones críticas frente a la noción de "espíritu" que genera el discurso moderno cuando versa sobre la vida social, dos posiciones alternativas que cuestionan la función mistificadora —de denegación y deformación— que tal noción cumple dentro del proyecto laico, "post-teológico", e intentan tematizar en términos "no metafísicos" la presencia de una sujetidad en la vida humana y en su historia, definir lo que en éstas es propiamente libertad (sujeto) y lo que simplemente es situación (objeto).

De lo que se trata en ambos casos es de reivindicar la presencia de esa libertad como el fundamento inherente, "físico", y no inducido, exterior o "meta-físico" de la vida humana. Se trata de defender la irreductibilidad de la coherencia cualitativa que presenta el conjunto de las singularidades que constituyen al mundo de la vida (la "lógica de la diferencia") —la coherencia propia de la vida en su "forma natural" o como proceso de reproducción de los "valores de uso"— frente a la coherencia puramente cuantitativa (la "lógica de la identidad") a la que pretende reducirla la modernidad mercantil capitalista.

La primera de estas dos posiciones críticas reivindica lo que en la existencia de la "forma natural" del mundo de la vida hay de libertad, es decir, lo que en ella hay de actividad inventora de formas cualitativamente diferentes, de realidad irreductible al simple proceso de trabajo en abstracto, es decir, de formación y valorización del valor económico. Es una posición que lleva su reivindicación de la libertad hasta la exageración romántica, hasta la supeditación de la consistencia del mundo al estallido instantáneo de la elección subjetiva.

La segunda posición crítica exagera también una defensa de la "forma natural" del mundo de la vida, pero, al contrario de la primera posición, reivindica la impenetrabilidad o la "naturalidad" de esa forma, la permanencia en ella de una actividad inerte u objetiva que no sólo resiste y escapa a las nuevas formas con las que la actividad libre del sujeto pretende modificarla, sino que se impone sobre ésta e incluso la adopta como propia, como una derivación de sí misma.

La exageración propia de la primera posición es perfectamente comprensible; se vuelve contra el rasgo dominante de la historia del sujeto social en la época moderna. La modernidad capitalista ha intentado sistemáticamente, con embates cada vez más consistentes y extendidos, cerrarle el paso a la comunidad humana para obligarla a abdicar del ejercicio directo de la función política. En el lugar de la tradicional mediación religiosa, que mantenía secuestrada a la función política, ha puesto otra mediación: la de una voluntad "cósica" que se genera espontáneamente en la circulación capitalista de la riqueza mercantil. Es una historia que ha intentado hacer de la comunidad humana un mero objeto, es decir, reducirla al modo de existencia que es propio de la mano de obra de los trabajadores, de una cosa que se compra y se vende en el mercado capitalista.

En la medida en que la vida social se estructura en torno a la sociedad de propietarios privados —de capital los unos, de fuerza de trabajo los otros—, sociedad en la que, aparte del capital encarnado como "espíritu de empresa", los seres humanos no son más que cosas mercantiles; en la medida en que avanza el predominio real de este tipo de existencia humana, en esa misma medida se ha impuesto también la tendencia ideológica del discurso moderno a eliminar el tema de la sujetidad o la libertad como hecho constitutivo de la condición humana, reduciéndolo a lo que en ella hay de mera necesidad u objetividad.

Igualmente comprensible es la exageración en el otro sentido. El proceso de trabajo que sustenta y determina la existencia de la sociedad moderna no se desenvuelve sólo como una actividad dirigida a vencer la escasez y proporcionar a la sociedad la abundancia de bienes necesarios, sino como una actividad ilimitadamente creadora, capaz de provocar y satisfacer cualquier tipo de necesidades. Este creacionismo absoluto que subyace en el proceso de trabajo moderno se basa en un traslado completamente injustificado de un hecho que es efectivo en el plano de la creación del valor económico en abstracto de las mercancías —el hecho de ser independiente del valor de los medios de producción— al plano del valor de uso de las mismas, de su forma natural —en el que ellas dependen de dichos medios, pues sólo son una alteración de los mismos. Contra este traslado absurdo está dirigido el énfasis exagerado que el estructuralismo pone en la permanencia de la libertad cristalizada en las identidades estructurales.

La agudización actual del enfrentamiento entre las dos posiciones que critican el "espiritualismo" espontáneo en la definición moderna de la dimensión cultural parece estar conectada con algo que bien puede llamarse el estrechamiento de un *impasse* ya relativamente viejo en el que se encuentra suspendida la crisis de las identidades comunitarias arcaicas que prevalecen en el fundamento o la "civilización material" del mundo moderno.

Cabe insistir en que al hablar de cultura pretendemos tener en cuenta una realidad que rebasa la consideración de la vida social como un conjunto de funciones entre las que estaría la función específicamente cultural. Nos referimos a

una dimensión del conjunto de todas ellas, a una dimensión
de la existencia social, con todos sus aspectos y funciones, que
aparece cuando se observa a la sociedad tal como es cuando
se empeña en llevar a cabo su vida persiguiendo un conjunto
de metas colectivas que la identifican o individualizan.

Los tiempos contemporáneos no viven simplemente la
destrucción de "culturas tradicionales", el sometimiento de
"culturas populares", la imposición de la identidad de las naciones imperialistas sobre la de los países sometidos. Se trata,
en efecto, de un largo y profundo proceso de "revolución
cultural" al que intentaremos aproximarnos en la lección final del presente curso y que aquí sólo podemos mencionar.
Se trata de una situación crítica que muestra dos aspectos
aparentemente incompatibles entre sí. Por un lado, aquellas
"formas culturales" del remoto pasado a las que hace referencia Margaret Mead, que se habían transmitido de generación
en generación mediante sistemas simbólicos, han perdido
hoy su justificación, se han quedado sin el piso sobre el que
se levantaban; por otro lado, el mundo moderno, que apro-
vechó el nuevo fundamento técnico y civilizatorio de la vida
social, lo ha hecho de una manera tal que lo ha obligado a
aferrarse a aquellas mismas formas arcaicas obstruyendo la
dinámica propia de las mismas y negándoles la oportunidad
histórica que necesitan para transmutarse, mezclarse y re-
generarse sobre esas nuevas bases técnicas y civilizatorias.

BIBLIOGRAFÍA

Braudel, Fernand, *Le monde actuel, histoire et civilisations*,
Belin, París, 1964. (Trad. esp.: *Las civilizaciones actuales*,
Tecnos, Madrid, 1966.)

Elias, Norbert, *Ueber den Prozess der Zivilisation*, Zum Falken, Basilea, 1939. (Trad. esp.: *El proceso de civilización*, Fondo de Cultura Económica, México, 1988.)

Heidegger, Martin, *Brief über den Humanismus*, Klostermann, Frankfurt a. M., 1946. (Trad. esp.: *Carta sobre el humanismo*, Huascar, Buenos Aires, 1972.)

Kahn, J. S. (ed.), *El concepto de cultura: textos fundamentales*, Anagrama, Barcelona, 1975.

Lévi-Strauss, Claude, *La pensée sauvage*, Plon, París, 1955. (Trad. esp.: *El pensamiento salvaje*, Fondo de Cultura Económica, México, 1964.)

——, *Tristes tropiques*, Plon, París, 1955. (Trad. esp.: *Tristes trópicos*, Eudeba, Buenos Aires, 1970.)

Malinowski, Bronislav, "Magic, Science and Religion" [1925], en *Magic, Science and Religion and Other Essays*, Glencoe, Free Press, Londres, 1948. (Trad. esp.: *Magia, arte y religión*, Ariel, Barcelona, 1982.)

Reich, Wilhelm, *Der Einbruch der Sexualmoral*, Sexpol Verlag, Copenhague, 1935. (Trad. esp.: *La irrupción de la moral sexual*, Diez, Buenos Aires, 1976.)

Tylor, Edward, *Primitive Culture: Researches into the Development of Mythology, Philosophy, Religion, Language, Art and Custom*, J. Murray, Londres, 1871. (Trad. esp.: *Cultura primitiva*, vol. I, Ayuso, Madrid, 1977.)

Lección II

LA PRODUCCIÓN COMO REALIZACIÓN

> Antes de que el constructor —en cualquier ámbito de la vida— sepa su plan, tiene que haber planeado ese plan; tiene que haber anticipado su realización como un sueño luminoso, capaz de animarlo decisivamente.
>
> ERNST BLOCH,
> *El principio esperanza*

¿Por qué las antiguas sociedades americanas no trasladaron el uso de la rueda del mundo lúdico y en miniatura de la juguetería infantil al mundo pragmático y real de los medios de producción? ¿Por qué la técnica agrícola de las sociedades prehispánicas y la de los conquistadores europeos no pudieron combinarse y complementarse después de la Conquista, y más bien se obstaculizaron mutuamente, imponiéndose una regresión compartida que llevó a la última al empobrecimiento y a la primera a su destrucción casi total? ¿Por qué la vida económica de los Estados latinoamericanos, después de más de cien años de dependencia y colaboración en el desarrollo del sistema capitalista, no ha llegado a ser absorbida por él ni ha podido tampoco generar las condiciones para una reproducción autosustentable de la propia acumulación de capital? ¿Por qué la vida pública de la América Latina, pese a una larga historia "republicana", no logra hacerse a los usos políticos de la "democracia moderna"?

Preguntas de este tipo son indispensables en una reflexión crítica sobre la situación de la vida social contemporánea, y esto no únicamente de la vida en las regiones periféricas del mundo moderno o las que están en trance de ser integradas en él, en las que parecería que se repliegan los conflictos extremos de esa vida, sino, en general, de toda ella, incluso la que está en el centro del mundo moderno y que, al disfrutar el "nicho de armonía" construido por él, puede creerse a salvo de esos conflictos sin salida. Son preguntas cuya respuesta depende, como hemos adelantado, de la idea de "cultura", una idea que empleamos, querámoslo o no, definida de una manera o de otra, cuando las formulamos.

¿Cómo podemos mirar más en profundidad y con mayor precisión esa omnipresencia de la actividad cultural que en la lección anterior fue reconocida como una dimensión indispensable de la vida social?

Intentaremos, en esta oportunidad, avanzar hacia la construcción de un concepto de cultura que sustente su coherencia en una teoría más general acerca de las determinaciones esenciales de la vida humana, consideradas como determinaciones de un modo específico del proceso de reproducción de la vida natural.

Nos acercaremos teóricamente a este proceso para, al describirlo, descubrir en él un nivel de existencia al que vamos a llamar comunicativo o semiótico. Dentro de este nivel trataremos de poner al descubierto lo que pensamos que es la esencia de esa dimensión cultural del proceso de reproducción social. Presentaremos, para ello, un esquema del modo en que se reproduce la sociedad humana en general y de cómo esta reproducción puede ser vista como dotada de una consistencia doble: la primera puramente operativa o "material" y la segunda, coextensiva a ella, semiótica o "espiritual". Se tratará de una descripción encaminada a romper con la dicotomía que postula una heterogeneidad substancial entre la práctica material y la guía espiritual en la vida humana y que —de muchas maneras, unas menos "sutiles" que otras— continúa empleándose para justificar el dominio de ciertas castas, clases, géneros, comunidades o "culturas", que estarían más cercanas al "espíritu", sobre otras, que estarían alejadas de él y más atadas a la "materia".

Partimos de lo que puede leerse como una reconstrucción de la teoría del proceso de reproducción social que se encuentra esbozada en la base de la "crítica de la economía política" llevada a cabo por Karl Marx como un primer momento de la crítica global de la civilización moderna en su famosa obra *El capital*.

PRODUCCIÓN, CONSUMO, REPRODUCCIÓN

La existencia social —como lo recuerda Marx en su teoría "de la producción social en general"— implica un proceso constante de metabolismo o intercambio de materias entre la forma de lo humano y la forma de lo puramente natural. El ser humano, cuya forma elemental le viene de la naturaleza, transforma a la naturaleza; transformación que, aceptada a su modo por la naturaleza, es devuelta por ella al ser humano, transformándolo de nuevo. La vida humana, la existencia social, consiste en una especie de "diálogo" que la naturaleza mantiene con una parte de sí misma que se ha autonomizado frente a ella.

Según esta posición anti-metafísica ("materialista dialéctica") en la interpretación de la existencia social, el ser humano no se diferencia substancialmente de la naturaleza misma, del género al que pertenece en medio de ella, el de los animales. El ser humano es un animal, es tan material como un animal; es una parte de la naturaleza y no deja de serlo aunque las relaciones que mantiene con el todo de ella sean de un orden muy especial. Dentro de la naturaleza, el ser humano se reproduce, como lo hacen todos los seres vivos, mediante la producción y el consumo de determinados bienes que saca de ella. Lleva a cabo transformaciones en la naturaleza y vive de ellas.

Recordemos en lo que sigue el conjunto de conceptos que describen los elementos y las relaciones estructurales de un proceso de reproducción en general. Después de ello, y por contraste, trataremos de precisar aquello que sería específico del proceso de reproducción social.

Podemos hacer un esquema de la estructura y las funciones elementales del proceso de reproducción social representándolo como la unidad de dos momentos o dos fases. (Ver el diagrama 1.) Una primera fase, productiva o de trabajo (T1), es aquella en la que el sujeto social se comporta en referencia a lo que podemos llamar el factor objetivo (O) del trabajo o los medios de producción. El factor objetivo está compuesto por objetos prácticos de dos tipos, tanto por el objeto de trabajo propiamente dicho (ot), cuya consistencia lo conecta con el resto de la naturaleza, como por el instrumento de trabajo u objeto previamente producido (it), dotado de un valor de uso intermedio o de utilidad indirecta, que actúa sobre el primero. En este primer momento del proceso de trabajo, encontramos a un sujeto que se sirve de determinados instrumentos para enfrentarse a un objeto, las materias primas; objeto que tiene utilidad o valor de uso únicamente para el consumo productivo y que sólo excepcionalmente se trata de la naturaleza "en bruto", pues casi siempre es una naturaleza que ha sido transformada con anterioridad de alguna manera.

De esa acción del factor subjetivo sobre el factor objetivo del proceso de trabajo resulta un nuevo objeto, un objeto práctico (Op) que es el resultado de una transformación adicional de esa naturaleza.

Pero esta sólo es la mitad del proceso de reproducción. Hay la otra fase del mismo (T2), el momento de consumo propiamente improductivo o momento de disfrute. En él sucede que este objeto práctico que acaba de ser producido a partir de un producto anterior se convierte en un bien (P/B) o un objeto dotado de una utilidad inmediata para

DIAGRAMA 1. *El proceso de reproducción social*

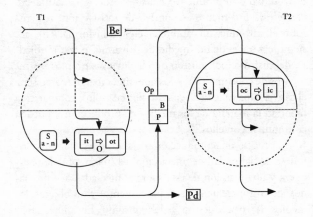

T1 = primer momento, fase productiva
T2 = segundo momento, fase consuntiva
S = factor subjetivo
O = factor objetivo
Op = objeto práctico
ot = objeto de trabajo
oc = objeto de consumo
it = instrumento de trabajo

ic = instrumento de consumo
B = bien, objeto con valor de uso
P = producto, que vale por el trabajo
Be = bien natural espontáneo
Pd = producto desechable

a-n = sistema de capacidades, en T1
a-n = sistema de necesidades, en T2

la reproducción del sujeto, en un objeto que posee un valor de uso directo para la misma. En el momento del consumo disfrutativo o improductivo del sujeto social, la naturaleza, convertida finalmente en motivo de satisfacción, re-actúa sobre él, introduce un cambio en él, lo transforma, y lo hace siempre a través de un "medio de consumo" o factor objetivo del disfrute (oc), mismo que incluye sus propios instrumentos de consumo (ic) —los que, sin embargo (como sería el caso de una calle de la ciudad, por ejemplo), comparten a menudo la materia de los medios de producción y pueden confundirse con ellos.

El proceso de reproducción social es, pues, siempre y en todo caso, la unidad de una acción del sujeto sobre la naturaleza y una reacción de ésta sobre él mediadas siempre, las dos, por otros elementos, los instrumentos y los objetos, los medios de la producción y del consumo. En ambas fases, tanto en la acción del sujeto como en la reacción de la naturaleza, el encuentro del sujeto con la naturaleza tiene lugar en dos niveles, que parecen corresponder a dos momentos de ese encuentro que en un cierto sentido serían sucesivos pero en otro simultáneos; primero, en el nivel propio de un momento "anterior" pero siempre presente y continuado en que el sujeto conforma o convierte a la naturaleza tanto en instrumento como en materia prima, y segundo, en el nivel propio del momento actual y pasajero en que la usa, conformada o convertida ya en instrumento y materia prima, y la transforma efectivamente. El sujeto se conecta así "dos veces" con lo Otro (la "naturaleza") en el "presente" en que se sirve de los medios de producción y consumo: "primero", en un hecho de larga duración, cuando actúa sobre los instrumentos de trabajo y los de disfrute, y "después", coyunturalmente, cuando lo hace sobre el objeto de trabajo y el de disfrute.

La descripción del proceso de reproducción social presenta, entonces, los siguientes elementos: por un lado, un factor subjetivo, que está ahí lo mismo en tanto que sujeto social productor o de trabajo que como sujeto social consumidor o de disfrute. Por otro lado, un factor objetivo, constituido por los medios, sea de producción (en el momento productivo) o de consumo (en el momento consuntivo), es decir, por los productos útiles (dotados de valor de uso) o bienes producidos, por los objetos prácticos en general. Estos medios de producción y de consumo son —lo mismo en la producción o trabajo que en el consumo o disfrute, es decir, lo mismo en el consumo indirecto o productivo que en el directo o improductivo— o bien objetos instrumentales, intermedios y de larga duración (las herramientas e instrumentos de todo tipo), o bien objetos simples, terminales y perecederos (todos aquellos a los que el sujeto les arranca la forma al producir y al reproducirse).

Dos son, así, las versiones del objeto práctico: objeto que se define por su procedencia y objeto que se define por su destino; en la primera se afirma como resultado del cumplimiento de una meta y en la segunda como promesa de la satisfacción de una necesidad. Dos versiones en las que se proyecta el doble carácter del sujeto al que ellas están referidas; el mismo que lo constituye como sujeto del trabajo, por un lado, y como sujeto del disfrute, por el otro.

Observemos con más detenimiento la interconexión entre las dos fases o momentos del proceso de reproducción social haciendo hincapié en su elemento central, el sujeto social.

En general, como vemos, la existencia del sujeto del proceso de reproducción se desdobla en dos fases, la del trabajo y la del disfrute. En la primera, lo que caracteriza al sujeto es su predisposición, respaldada técnicamente, a alterar el dinamismo de la naturaleza exterior a su cuerpo imponiéndole el cumplimiento o la realización de metas que de otro modo ese dinamismo no cumpliría, plasmando a través de él un determinado proyecto de realidad objetiva. En otras palabras, lo que caracteriza aquí al sujeto productivo es la presencia en él de un conjunto orgánico de predisposiciones, técnicamente aseguradas, a la alteración de la actividad natural exterior a él; lo que lo distingue es la presencia en él de un sistema de capacidades productivas o de trabajo. Se trata de un sistema constituido en referencia a las distintas posibilidades reales que detecta de re-dirigir la actividad de la naturaleza; un sistema que está siempre ordenado de una determinada manera, es decir, diferenciando y combinando esas predisposiciones de acuerdo a un diseño particular cualitativo y cuantitativo.

De manera similar, en la segunda fase, la de disfrute o consumo improductivo, lo que caracteriza al sujeto social es su predisposición, sustentada institucionalmente, a configurar la apetencia (*besoin*) o pasividad espontánea —física y psíquica— de su propio cuerpo imponiendo sobre ella una estructura o un orden, que no tendría por sí misma, de reconocimiento y aceptación del mundo objetivo. En otras palabras, al sujeto de disfrute le caracteriza la presencia en él de un sistema de necesidades de consumo que mide y ordena, siempre también de acuerdo a un diseño específico, la apertura de su naturaleza interior a la acción complementaria que ella detecta proveniente de la naturaleza exterior.

Es importante señalar que esta distinción entre un sistema de capacidades de producción y un sistema de necesidades de consumo es una distinción puramente metódica; que en la existencia concreta ambos están presentes pero sólo en tanto que modificados de hecho por la acción recíproca del uno sobre el otro. Lo que se da en verdad es un acoplamiento orgánico entre ambos que es prácticamente imposible desanudar y que los vuelve indistinguibles aisladamente, en su pureza; que los convierte en los dos sub-sistemas virtuales de un solo sistema complejo de capacidades/necesidades.

La presencia de un determinado sistema de acoplamiento entre las necesidades y las capacidades del "sujeto" es un hecho común en el reino animal y no tiene, en principio, por qué causar extrañeza si se la observa también en el sujeto social o humano. Pero lo que sí es peculiar e inquietante en el caso de este último es la multiplicidad y sobre todo la inestabilidad y maleabilidad que presenta ese sistema.

Porque, en efecto, comparada con la armonía que mantiene soldada para siempre en el aparato instintivo del "sujeto" animal una solución definitiva a la discrepancia entre sus capacidades y sus necesidades, una contradicción irreconciliable parece encontrarse "resuelta" de manera sólo precaria y casi provisional en la consistencia conflictiva y problemática del sistema de capacidades/necesidades propio de la reproducción humana o social; una contradicción originada en la descomposición de esa "soldadura" instintiva y en el desdoblamiento real de ese doble carácter en el sujeto de la misma.

La variedad casi infinita de estas "soluciones emergentes", de estos compromisos de humanización —variedad que despliegan ante nosotros la historia y la antropología—, habla de la presencia de ese conflicto o contradicción entre los dos sub-sistemas, entre las posibilidades del producir y las necesidades del consumir; de un conflicto que debió resolverse en cada caso en una situación no sólo determinada sino irrepetible, y hace evidente que esa contradicción debió ser superada y que debe serlo constantemente a través de compromisos o acoplamientos en cada caso distintos.

Mientras en el animal el acoplamiento entre necesitar y procurar puede verse como un mecanismo perfecto y estable, en el caso del ser humano, en cambio, ese acoplamiento debe entenderse como resultante de un compromiso que está "solucionando" a duras penas un "conflicto de intereses" entre ambos sistemas. El sistema de las capacidades de producción será siempre virtualmente insuficiente, enfrentado al "consumismo" abierto de un sujeto que pretende afirmarse como puramente disfrutador. A su vez, el sistema de las necesidades será siempre virtualmente insaciable, enfrentado al "economismo" implacable de un sujeto que se reconoce como puramente trabajador. Sólo en la práctica concreta los dos sistemas encuentran el modo de "entenderse" o "armonizarse", obligados por la necesidad de supervivencia que tiene el sujeto unitario, por la necesidad de evitar que el sujeto del consumo agote al sujeto de la producción o que éste ahogue al primero.[1] El hecho de que el sistema de capacidades/necesidades se presente, en la reproducción del animal humano, bajo la forma de un compromiso que obliga a ambas fases a abandonar un "estado original" de separación e independencia, a interactuar entre sí, a ceder en sus intereses contrapuestos y a acoplarse de alguna manera constituye en sí mismo un hecho escandaloso en medio de la "historia natural", un fenómeno que plantea ante nosotros el enigma de la especificidad de la vida humana.

[1] De hecho, el sistema unilateral, que estaría "superado" en su estatus actual de subsistema, no puede ser detectado en su pureza; de él sólo quedan cabos sueltos que en ocasiones se muestran como residuos del sistema unitario.

LA LIBERTAD QUE DA FUNDAMENTO
A LA NECESIDAD DEL MUNDO

Adentrémonos en una consideración del carácter central que tiene la libertad en el proceso de reproducción de la vida humana. Sólo así podremos descubrir el fundamento de esta artificialidad o "arbitrariedad" del sistema de capacidades/necesidades del sujeto social —de su a-naturalidad, contra-naturalidad o trans-naturalidad—, así como también la razón de ser de la variedad casi infinita y el dinamismo indetenible de las figuras concretas que puede adoptar dicho sistema. Esta condición específicamente humana, descrita y estudiada, después de una larga tradición que se remonta a San Agustín, sobre todo por la ontología fenomenológica y la filosofía existencial del siglo XX, es la que nos permite explicar la diferencia específica que distingue al proceso de vida humano de los demás procesos de reproducción que encontramos en el universo de la vida.

Recordemos, como punto de partida, la "teoría de la producción en general" que propone Karl Marx en el capítulo V de su obra *El capital*. La diferencia fundamental que hay entre el hombre —el ser social— y el resto de los seres de la naturaleza, en particular los que le son más cercanos, los del reino animal, resulta estar, según esta teoría, en el hecho de que en el caso del sujeto humano o social propiamente dicho su reproducción debe perseguir, además del mantenimiento de la vida en términos "animales" o "físicos", el mantenimiento de la misma en términos "políticos" o (de alguna manera) "meta-físicos". No sólo debe producir y consumir ciertas cosas, sino que, además y sumultáneamente, debe también "producir y consumir" la forma concreta de su socialidad;

debe modificar y "usar" las relaciones sociales de convivencia que le caracterizan y que interconectan e identifican a sus diferentes elementos o miembros individuales.

Este sujeto estaría constituido por el conjunto de los individuos sociales insertos en las relaciones de producción y de consumo, en ese entretejido de relaciones de convivencia marcado por el acoplamiento del sistema de las capacidades de la actividad con el de necesidades del disfrute. Dentro de esta red que podríamos llamar de relaciones sociales de convivencia se ubicaría la identidad de cada uno de los sujetos sociales.

El hombre es específicamente un "animal político", enseñaba Aristóteles. Y una lectura de Marx aleccionada por la ontología existencial puede continuar esa enseñanza en la dirección de su reflexión crítica, aclarar en qué consiste esta politicidad del sujeto social.

Según Marx, el proceso de trabajo o producción del sujeto social, a diferencia de lo que es el proceso de transformación que pueden realizar sobre la naturaleza otros animales, es un proceso de *realización* (*Verwirklichung*) de proyectos. Producir o trabajar es llevar a efecto determinados propósitos. En el producto no encontramos solamente un determinado resultado operativo de la acción de un hecho natural sobre otro; en él se encuentra además el resultado de una proyección del sujeto. La casa que construye el ser humano no es solamente un refugio; es también la realización, más o menos lograda, de la idea que él tenía de ese refugio.

Pero podemos ir más adelante, incluir en la consideración la fase consuntiva y decir que, en general, el proceso de reproducción social es un proceso de autorrealización (*Selbstverwirklichung*) del sujeto. Éste, en tanto que sujeto de trabajo, proyecta ser él mismo pero en una figura diferente (así sea sólo la de "satisfecho") a partir del momento en que llegue a consumir las transformaciones que pretende hacer en la naturaleza. El proceso de reproducción social sería así un proceso a través del cual el sujeto social se hace a sí mismo, se da a sí mismo una determinada figura, una "mismidad" o identidad; un proceso que sólo en su primer trayecto consiste en la realización de determinados fines productivos, en la elaboración de determinados objetos, los medios de su reproducción.

De este modo, el rasgo más peculiar del proceso de reproducción del ser humano es la constitución y la reconstitución de la síntesis de su sujeto. El proceso de reproducción social no es un proceso que repita indefinidamente, como debería hacerlo según las disposiciones de la Vida, la misma configuración del sujeto mediante ciertos procesos de transformación de la naturaleza. Lo que hay de peculiar en él es que al sujeto resultante del proceso le está no sólo abierta sino impuesta la posibilidad de ser diferente del sujeto que lo inició; en él está incluida de manera esencial la posibilidad de que ese sujeto cambie de identidad. El sujeto humano tiene una presencia estructuralmente escindida, inestable, siempre en cuestión; es un sujeto que se define desde dos perspectivas divergentes, la del trabajo y la del disfrute, y que debe atender por ello, ineludiblemente, a la posibilidad de que aquello que él habrá de ser a partir de un momento dado —el del consumo— no sea idéntico a lo que ha venido siendo hasta el momento anterior —el de la producción.

La identidad del sujeto humano —lo mismo comunitario que individual— consiste en la figura concreta que tiene en cada caso el conjunto de relaciones de convivencia que lo constituyen, la figura concreta de su socialidad. La socialidad, decía Engels, es "un tipo de materialidad" que no existía anteriormente en la historia natural y que sólo aparece

con el proceso de hominización. Aquello que está en juego
y puede cambiar en el proceso de trabajo y disfrute, aquel
"material" que es en él objeto de un "meta-trabajo" y un
"meta-disfrute" es la propia figura de la socialidad del sujeto
social, su "mismidad".

A primera vista, la actividad que realiza el sujeto humano como ser "social" puede ser similar a la de una colmena, una colonia de hormigas o una familia de castores o
de mandriles. Como todos ellos —que también viven "en
sociedad" y que incluso se sirven de ciertas cosas en calidad
de "instrumentos" para interactuar con su entorno natural—, el ser humano vive de aprovechar las alteraciones que
introduce en la naturaleza; alteraciones que no son necesariamente mejores o más funcionales que las de ellos. Pero,
mirada más de cerca, esa actividad revela su diferencia. Las
alteraciones que resultan de ella sugieren que se trata de una
actividad que pone en juego algo más o de otro orden que la
pura reproducción física del organismo humano. Lo que
sorprende en ellas no es tanto el grado de "perfección" de su
forma —que incluso puede ser mayor en las provocadas por
los otros animales— cuanto la inconstancia de la misma.
El mismo objeto —el alimento sería un ejemplo, el placer
sexual sería otro— que tiene una estructura similar lo mismo
en la reproducción humana que en la de los demás animales
tiende en el caso de estos últimos a tomar una figura única
y definitiva, mientras que en el caso de los humanos tiende
a adoptar una forma que no sólo conoce diversas configuraciones, sino que cambia además en la duración de cada una
de ellas. Considérese cuántos alimentos básicos diferentes
ha desarrollado el ser humano y cuántas y cuán complejas
y dinámicas son las dietas que se han ideado y se idean en
torno de cada uno de ellos, o cuán variadas y dinámicas las

formas de disfrutar y dar disfrute al cuerpo del otro, formas que no sólo obedecen sino que se apartan, en el caso del ser humano, de la que correspondería a la conjunción sexual "natural" o procreativa.

Para el conjunto de la reproducción animal, lo importante parece estar en la repetición de una determinada manera de alterar provechosamente la naturaleza; para la reproducción humana, en cambio, lo importante parece estar en el ejercicio de la capacidad de inventar diferentes maneras para cada alteración favorable de la naturaleza. El proceso propiamente humano de producción/consumo de cosas pone en evidencia que la producción/consumo de las formas de esas cosas prevalece en él sobre la producción/consumo de las substancias de las mismas.

Y es que, efectivamente, por más parecidos que sean, en última instancia, al cumplir las mismas funciones vitales, el animal y el ser humano, este último parece "estar en otra cosa" cuando las cumple. El proceso de reproducción física del animal humano está allí, en el fundamento de lo humano, pero está sólo en calidad de plano básico o soporte que da lugar o posibilita otro tipo de "reproducción" que se ha sobrepuesto a él y lo domina; una reproducción que se cumple en un segundo nivel, en otro plano de materialidad, el de la socialidad. Sólo para un ser que lo que pone en juego en el proceso de reproducción es ante todo la forma de su consistencia social lo principal en la producción/consumo de las cosas tiene que ser la forma de las mismas.

El hecho de esta biplanaridad físico-política de la vida humana, en la que el plano político domina sobre el físico, habla de un proceso de producción/consumo de cosas que está destinado a reproducir un "mundo de la vida" de consistencia cualitativa inestable: el mundo de un sujeto cuya

identidad está siempre en proceso de reconstituirse y para el
cual la "armonización" perseguida por su sistema de nece-
sidades/capacidades está siempre en cuestión. El hecho de
que en las cosas lo más importante para él sea la forma de las
mismas pone en evidencia que en el proceso de la reproducción humana lo esencial es el juego de la identidad.

El sujeto social transforma su identidad al introducir
modificaciones cualitativas o de forma —que aquí sería lo
mismo— en la consistencia de las cosas que componen su
mundo. Cada una de esas modificaciones, por más insigni-
ficante que pueda ser, implica obviamente una transformación de la parte del sujeto global que se individúa a través
de la producción/consumo de ellas e implica también, de
manera indirecta pero necesaria, un cierto desquiciamiento,
aunque sea igualmente mínimo, del equilibrio inestable en
que se encuentra el sistema total de necesidades/capacidades
y que es la base de la identidad de ese sujeto global.

A la reproducción social, considerada en este nivel puramente formal o cualitativo —un nivel secundario pero dominante—, la podemos llamar "reproducción política" del
sujeto social. "Política" porque pensamos que era a ella justamente a la que hacía referencia el término *pólis* en la época
de los griegos; es decir, a lo que estaba en juego en el ágora,
a la identidad de la ciudad, a la figura de la comunidad; a
aquello que, por sobre todo lo demás, el proceso de la reproducción social "produce" y "consume", es decir, transforma
y "disfruta", instituye y "vive".

El sujeto

El sujeto social no puede sino cambiarse a sí mismo. Aun cuando aparentemente no lo hace cuando mantiene una misma forma y respeta las mismas instituciones, el mismo orden social, por largos periodos, ello es resultado de una repetida ratificación de ese orden, de una recreación o re-hechura del mismo. No hay la posibilidad de un verdadero automatismo —ni animal ni cibernético— en el sujeto social. El ser humano está, como le gustaba decir a Sartre, "condenado a su libertad", obligado a modificarse a sí mismo, aunque sea para ratificar su forma tradicional.[2] Tiene ante sí la "materia" que le corresponde transformar, su propia socialidad; una materia cuya peculiaridad está en que exige de él a cada paso que la sostenga en su figura o que la ponga en otra.

Por otro lado, cabe advertir que el surgimiento de la libertad en medio del universo de la vida, el aparecimiento de la obligación en que se encuentra el ser humano de darle una forma a su socialidad, implica la constitución de la sujetidad del sujeto social como una subjetidad que se reparte en todos los escenarios posibles de la vida comunitaria, en todos aquellos procesos, por más atómicos o individuales que sean, en los que la producción/consumo, la interacción con la naturaleza, debe consistir en una trans-formación o una elección de forma. La sujetidad de la comunidad haciéndose a sí misma, reproduciendo su identidad, está hecha —por debajo de su inevitable tendencia a presentarse en un sujeto unitario, en un ente político aglutinante— del

---

[2] "Libertad", dice Heidegger, es "libertad para fundar", para trascender la legalidad dada inventando una nueva, para inaugurar una necesidad que pone como contingencia a la necesidad anterior.

juego de la sujetidad dispersa, de la interaccion de los innumerables actos en los que cada sujeto singular, más o menos
individualizado, con el simple hecho de elegir, entre todas
las posibles, una figura concreta para la forma de los objetos
prácticos, está "haciendo" al otro, alterando su identidad y,
de manera necesariamente recíproca, está siendo hecho por
él, alterado por él en lo que es. El sujeto comunitario es el
conjunto de los sujetos individuales y no tiene más sujetidad
que la que éstos necesitan que tenga para que la suya propia
pueda ser efectiva.

La dinámica del acoplamiento espontáneo de los dos sub-
sistemas en el sistema cualitativo concreto dirigido a la actividad productivo/consuntiva —sistema que define la identidad
del sujeto global— establece el conjunto de líneas de fuerza o la red de posibilidades dentro de la cual cada uno de los
individuos sociales tiene su ubicación diacrítica y puede afirmar su identidad singular. Pero es la afirmación concreta de
ésta la que, actualizando esa red de posibilidades al elegir dentro de ella, y confluyendo en el diseño de una determinada
constelación para la misma, otorga finalmente un sentido a
esa dinámica del sistema.

La dinámica de la identidad del sujeto comunitario determina la dinámica de la identidad de los individuos sociales; pero también, a la inversa, la afirmación de la identidad
de éstos determina la existencia de la del primero.

El proceso de reproducción social es —concluyamos—
un proceso de modificación de la figura de la socialidad
mediante la producción y el consumo de objetos prácticos:
de bienes producidos, de productos útiles o con valor de
uso. El ser humano, se diría con una reminiscencia heideggeriana, está "echado fuera de la tutela de Dios", abando-
nado por Él, expulsado del plan divino que constriñe pero

protege a las creaturas del Paraíso: es un ente libre porque es "a la intemperie" donde debe cuidar de sí mismo, proyectarse y realizarse. En esto consiste la peculiaridad del proceso de vida como vida humana cuando se lo mira en la perspectiva del sujeto.

El objeto

La peculiaridad que acabamos de encontrar en el sujeto del proceso humano de vida, la de tener una socialidad que es maleable, la de estar sometido a esa tensión que proviene de la necesidad de "autoproducirse", es algo que va a manifestarse también en el "factor objetivo" de dicha reproducción.

El factor objetivo del proceso de reproducción social está compuesto de dos versiones de lo que podríamos llamar el bien/producido u objeto práctico; en la una se encuentra en su estado simple, en la otra en su estado desarrollado.

Hay, en efecto, dos tipos de objetos prácticos en este proceso. Un pan, una hamaca, un sombrero pertenecen al primero de ellos. En el caso del pan, se trata de un objeto que ha resultado de una acción específica del sujeto de trabajo, particularizado como "panadero", y que está destinado a la satisfacción de una parte del hambre del sujeto de disfrute, particularizado como "consumidor de pan". El pan es un objeto práctico de consumo inmediato, que entra directamente en el proceso de disfrute, como todos aquellos otros alimentos que lo acompañan al satisfacer el hambre de un cierto tipo de ser humano.

El segundo tipo de objetos prácticos, en los que la practicidad de los mismos se encuentra plenamente desarrollada, es el que incluye a todos los medios de producción, es decir, lo mismo a los instrumentos del trabajo que a las materias primas que él emplea. Son objetos cuyo valor de uso no está dirigido al consumo directo o terminal, sino a un consumo indirecto o intermedio. En el caso del sujeto productor particularizado como "panadero" éstos serían, por una parte, el agua, la harina,[3] la levadura y, por otra, el horno, los moldes, etcétera.

El objeto práctico, el producto con valor de uso, aunque se parece a los "objetos" intermedios que aparecen en ciertos procesos de reproducción animal es en realidad diferente de ellos. El bien producido para el disfrute humano y por el trabajo humano es un objeto muy especial: su figura concreta, no informe, no es la de un ejemplar más de una "figura" general (o abstracta), indefinidamente repetida, como es la de los "objetos" animales; ella es formada y, por tanto, en principio, singular (o concreta), única, irrepetible.

El carácter práctico del objeto humano no se agota en una sola manera definitiva de posibilitar una función reproductiva determinada, sino que es capaz de posibilitarla de muchas maneras, de tener una infinidad de actualizaciones posibles. El alimento del animal es perceptible para él como más o menos apto para llenar una determinada carencia del mismo; el alimento humano, en cambio, es perceptible no sólo como capaz de satisfacer un determinado tipo de hambre, sino también, y sobre todo, como más o menos sabroso y como diferentemente sabroso. El sabor o la forma gustativa del alimento humano no es una forma puramente natural, sino una forma "social-natural". Por ello es capaz de cambiar de configuración no sólo de una situación histórico-

---

[3] El objeto o material de trabajo parecería ser, en este caso, la naturaleza misma, casi en bruto, en la medida en que es básicamente el grano de una determinada planta, el trigo, apenas transformado como harina.

concreta a otra sino incluso de un episodio de producción/
disfrute a otro.

Pero la practicidad del objeto sólo se muestra de manera plena como una practicidad maleable en los medios
de trabajo y de disfrute, concentrada sobre todo en la parte
instrumental de los mismos. Aquí la especificidad del proceso de reproducción social se evidencia con toda claridad. Si
hemos detectado ya esta peculiaridad del objeto práctico de
la producción/consumo, más aún la podemos observar en
el objeto práctico particularizado como instrumento de trabajo. Éste es un producto cuyo valor de uso se realiza en un
consumo mediato y de duración prolongada. También el
martillo, por ejemplo, como el pan, es un bien producido,
pero, a diferencia de éste, no va a ser consumido directa e
inmediatamente en la fase consuntiva sino sólo de manera
indirecta y paulatina en todas las ocasiones en que sea necesario golpear un determinado material con una fuerza y una
precisión mayores que las que puede ofrecer la simple mano;
es un objeto que se va a sustituir en parte después de una
primera fase productiva del proceso de trabajo y va a pasar,
reparándose y perfeccionándose a lo largo del tiempo, a un
número indefinido de fases productivas. Es un objeto que
se consume también, pero cuyo consumo directo no tiene
lugar en la fase consuntiva sino en el proceso de producción
o de trabajo del sujeto social. Su capacidad de satisfacer necesidades, su utilidad, su valor de uso, se integra como parte
o aspecto de la utilidad o valor de uso de sucesivos objetos
de disfrute directo.

Una segunda característica del instrumento de trabajo,
que podríamos llamar trascendental, es quizás la más importante: el medio de producción o el campo instrumental se caracteriza por el hecho de que su utilidad técnica

(llamemos así a esa utilidad mediata destinada al proceso de producción y no de consumo) consiste en la producción no de un objeto particular sino de todo un género o una clase de objetos satisfactores de necesidades. Antes hablábamos del pan del panadero, ahora hablamos de la panadería. Con esta pequeña zona del campo instrumental de la sociedad el panadero puede preparar todas las clases de pan imaginables ya que cuenta allí con todos los instrumentos y las materias primas requeridas para ello. Con el medio de producción del panadero puede elaborarse algo que sería el tipo "pan" de los alimentos básicos del ser humano; un tipo de alimento que abarca una infinidad de posibilidades de configuración del sabor del pan, de su forma gustativa. La panadería del panadero, en la que todas esa figuras del pan están presentes en potencia, es así un conjunto instrumental cuya efectividad técnica fundamental consiste en abrirle al sujeto social todo un campo de opciones para la satisfacción de un cierto tipo de necesidades de alimentación; en general, en ponerle en posición no sólo de ejecutar un programa productivo sino de elegir o inventar un programa dentro de un determinado horizonte de posibilidades de programas productivos.

Pero así como en la panadería están las posibilidades de realización del pan, así en el conjunto de los conjuntos de objetos dotados de una utilidad técnica, en el campo instrumental global del proceso de la reproducción humana, encontramos, de una manera abierta y entrecruzada, todos los horizontes de posibilidades de satisfacción de necesidades que pueda imaginar el hombre.

Ésta es la peculiaridad del instrumento: se trata de un objeto que se corresponde funcionalmente con la esencia del sujeto social. Si éste está en la obligación de elegirse a sí mismo, sólo un objeto del tipo "instrumento" es el producto útil adecuado al cumplimiento de esa obligación, a la satisfacción de esa necesidad. El ser humano encuentra en el campo instrumental la mediación adecuada en ese diálogo con la naturaleza a través del cual lleva a cabo los fines de su autorrealización y que es el que le permite trascender la unidimensionalidad y la monotonía de la vida animal. La (re-) configuración de la forma del sujeto social se vuelve realizable en la medida en que la consistencia del mismo, al abrir un horizonte de posibilidades de forma para los objetos de consumo, abre también otro análogo para el sujeto que se reproduce, sea de una manera o sea de otra, según el consumo de los mismos.

La caracterización que acabamos de hacer de los objetos prácticos que median el proceso de reproducción social debe llevarnos a reconocer la manera en que ellos están vinculados con la libertad del sujeto de dicho proceso y el modo en que la ponen de manifiesto. Habíamos dicho que, al producir y consumir cosas, el sujeto tiene la vista puesta en una presencia de las mismas que le atañe en un plano de existencia que está más allá del plano en que es un ser animal, en el plano de existencia que es propio de su condición: el de la reproducción de la socialidad. Es esta preeminencia de lo "social" sobre lo "natural" la que se refleja en la constitución del factor objetivo del proceso de reproducción social; en la configuración del bien producido, sea éste producto final o medio de producción; en la consistencia misma del objeto práctico que se encuentra mediando la relación del sujeto consigo mismo a través del tiempo.

A través del objeto práctico, el sujeto en tanto que productor se relaciona consigo mismo en tanto que consumidor;

es el "grado cero" de la comunicación. A través del uso del objeto, es decir, del disfrute de la forma del bien producido, el consumidor interioriza la propuesta de alteración de la forma social común a ambos que fue lanzada por el productor cuando eligió aquella forma para su producto útil y la trabajó en él. Concentrar la atención en la consistencia comunicativa o semiótica del proceso de vida del ser humano es, sin duda, la mejor manera de circunscribir el ámbito adecuado para una definición de la cultura. Es lo que intentaremos hacer en la próxima lección.

Bibliografía

Bloch, Ernst, *Das Prinzip Hoffnung*, Suhrkamp, Frankfurt a. M., 1959. (Trad. esp.: *El principio esperanza*, Aguilar, Madrid, 1977.)

Heidegger, Martin, *Von Wesen des Grundes* [1929], Klostermann, Frankfurt a. M., 1955. (Trad. esp.: *De la esencia del fundamento*, Universidad Autónoma del Estado de México, Centro de Investigación en Ciencias Sociales y Humanidades, México, 1997.)

Kosík, Karel, *Dialektika konkrétního. Studie o problematice cloveka a sveta*, csav, Praga, 1964. (Trad. esp.: *Dialéctica de lo concreto*, Grijalbo, México, 1967.)

Lefebvre, Henri, *La production de l'espace* [1974], Anthropos, París, 1986.

Marx, Karl, *Das Kapital, Kritik der politischen Ökonomie*, Erster Band, Hamburgo, 1867. (Trad. esp.: *El capital*, t. I, Siglo XXI, México, 1999.)

——, *Grundrisse der Kritik der politischen Ökonomie, 1857-1858 (Rohenwurf)*, Dietz Verlag, Berlín, 1953. (Trad.

esp.: *Elementos fundamentales para la crítica de la economía política*, 3 vols., Siglo XXI, México, 1971-1976.)

Sartre, Jean-Paul, *L'être et le néant. Essai d'ontologie phénoménologique*, Gallimard, París, 1943. (Trad. esp.: *El ser y la nada*, Losada, Buenos Aires, 1966.)

Lección III

PRODUCIR Y SIGNIFICAR

El "espíritu" sufre desde el principio la condena de estar "contaminado" por la materia, la que se presenta aquí en forma de capas de aire sacudidas, de sonidos, de lenguaje. El lenguaje es tan antiguo como la conciencia —el lenguaje es la conciencia práctica, que existe realmente para los otros seres humanos y por tanto también para mí mismo; y el lenguaje surge, como la conciencia, de la necesidad, de la exigencia de una interacción con otros seres humanos.

KARL MARX Y FRIEDRICH ENGELS,
La ideología alemana

En su proceso de reproducción el sujeto humano se vale de su estar inmerso en el flujo temporal de las cosas para hacer de esta condición —que comparte con todos los seres— una dimensión existencial propia de él: la "temporalidad". Es la dimensión en la que la actualidad de todo momento presente se evidencia, más allá del simple y armónico acontecer, como constituida por una contradicción; la actualidad se manifiesta como un compromiso entre la permanencia y la evanescencia, como la solución a un conflicto entre el ser y la nada. El ser humano se vale de su estar sometido a la metamorfosis orgánica que implica esa inmersión en el tiempo para convertir ese sometimiento en una oportunidad de "devenir", de dejar de ser lo que es, de ser otro y, paradójicamente, volver a ser "él mismo"; en una oportunidad de autotransformación.

También en el ser humano se da el doble estado que distingue en la naturaleza al animal insatisfecho del animal satisfecho, sólo que en aquél la insatisfacción orgánica se ha convertido en el soporte de un descontento "político" —con su figura presente, con su forma actual de existir, con su "estado de identidad"—, de igual manera que la satisfacción orgánica se ha vuelto el soporte de una re-configuración de sí mismo, de una realización "política". En la fase productiva, el sujeto humano proyecta convertirse a sí mismo en alguien diferente, adquirir otra forma; después, en la fase consuntiva, al asumir dicha forma, lleva a cabo ese proyecto. Podría decirse que, en virtud de este hiato que ha roto el *continuum* natural de las dos fases reproductivas animales, el sujeto humano desdobla su condición doble y existe en dos versiones de sí mismo. Podría decirse también que, por ello, entre esas dos versiones necesariamente aparece una tensión comunicativa, una tensión que se resuelve precisamente a través del objeto práctico.

En la fase productiva sucede como si el sujeto humano intentara "decir algo" a ese "otro" que será él mismo en el futuro "inscribiéndolo" en el producto útil; intención que se cumpliría en la fase consuntiva cuando él mismo, deviniendo "otro", "lee" dicho mensaje en el útil producido. Para un ser cuya condición fundamental es la libertad, que produce y consume objetos cuya forma está en cuestión, hacerlo implica necesariamente producir y consumir significaciones. Es el carácter "político" del animal humano lo que hace de él, inmediatamente, un ser "semiótico".

Ahora bien, esta intencionalidad de la producción/consumo del sujeto humano, este "decirse algo a sí mismo" en la línea del tiempo no debe ser visto como algo exclusivo de macrosujetos o de comunidades globales únicas o aisladas; por el contrario, su presencia sólo alcanza su desarrollo pleno en condiciones de reciprocidad, es decir, allí donde el "otro" al que estaría dirigido el mensaje no es el otro supuesto o "virtual" del sujeto aislado, solipsista, que no conoce otra razón para la alteridad que la motivada en sí mismo por el fluir temporal, sino un otro efectivo y real que, al mismo tiempo que recibe la invitación objetiva a alterarse, está él mismo enviando, en otro objeto, una propuesta propia de alteración hacia algún otro sujeto.

En efecto, la tensión comunicativa es sobre todo una tensión interindividual; esto resulta claro si tomamos en cuenta que esa capacidad de alterar la identidad social, de modificar la figura de la socialidad del otro, es algo que corresponde no sólo al sujeto colectivo individuado en su conjunto sino a todos y cada uno de los individuos sociales singulares. En cada uno de los procesos de reproducción individual el sujeto, en tanto que productor de objetos concretos, intenta siempre modificar la forma en que viven los otros individuos sociales —aquellos que consumirán sus productos en calidad de bienes—, y el "mismo" sujeto, en tanto que consumidor de objetos concretos, está siempre dejándose modificar en su modo de vida por los productores de los mismos. Todos los individuos sociales, y no sólo el sujeto social global, están en un proceso permanente de "hacerse" a sí mismos, intentando "hacer" a los otros y dejándose "hacer" por ellos. Todos intervienen, los unos en la existencia de los otros, en un juego cruzado de reciprocidades; todos se transforman entre sí tanto directamente, uno a uno, como indirectamente, a través de la transformación del conjunto de ellos.

Descritas así las cosas, ejecutar la acción que sea, producir cualquier cosa, provocar la menor de las transformaciones en la naturaleza, equivale siempre, de alguna manera, a componer y enviar una determinada significación para que otro, al captarla aunque sea en la más leve de las percepciones, la consuma o "descomponga" y sea capaz de cambiar él mismo en virtud de ella. El proceso de reproducción social es un proceso al que le es inherente la semiosis, la producción y el consumo de significaciones —de signos propiamente dichos y no sólo de señales, como en la comunicación animal.

En la especificidad semiótica de la comunicación humana se hace manifiesto el orden jerárquico en el que —como se dijo en la lección anterior— se encuentran los dos "planos de existencia" del ser humano, el animal o físico y el político o "meta-físico". La semiosis es el modo como se da el predominio de este último plano sobre el primero.

En la producción/consumo del pan de trigo, de la tortilla de maíz, del bolo de arroz, la función reproductora de una marca de identidad colectiva no sólo acompaña a la función reproductora del cuerpo colectivo sino que la integra en sí misma y la subsume. En el mundo de lo humano occidental —en su episodio romántico—, el dirigirse al otro en calidad de ejemplar a la mano del "objeto sexual" genérico se encuentra reducido a un simple soporte o vehículo del dirigirse a él en calidad de "amado" único, inconfundible e irrepetible en su función de sujeto de una reciprocidad mágica, "salvadora".

El proceso de comunicación

Tratemos de acercarnos un poco más al universo de lo semiótico, al reino del predominio de lo político sobre lo animal, puesto que allí parece encontrarse la clave de la definición de la cultura, que es hacia donde nos encaminamos.

La descripción del proceso de la comunicación lingüística que propuso Roman Jakobson en 1960 ocupa un lugar central en la historia de la semiótica del siglo xx. Acerquémonos un poco a ella. No debe extrañar el paralelismo que intento subrayar entre esta descripción y la del proceso de reproducción social que subyace en *El capital* de Marx, y a la que recurrimos en la lección anterior. Incluso en el menos "discursivo" de los procesos de producción/consumo de cosas se encuentra una producción/consumo de significaciones; incluso la más sutil de las palabras poéticas deja traslucir el hecho de que es materia trabajada, objeto preparado por un humano para el disfrute de su comunidad.

Jakobson enumera los elementos que son indispensables en un proceso de comunicación lingüística; éstos serían seis. (Ver el diagrama 2.)

DIAGRAMA 2. *El proceso de comunicación*

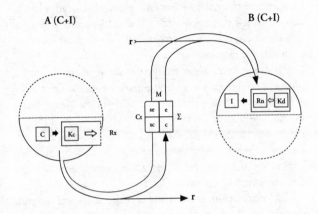

r = ruido
M = mensaje
se = substancia de la ex-
    presión
sc = substancia del conte-
    nido
e = expresión (significante)
c = contenido (significado)
C = comunicante (emisor)
I = interpretante (receptor)
Ct = contacto

Σ = Signo
Kc = código en función ci-
    fradora
Kd = código en función des-
    cifradora
Rx = contexto o referente
    nuevo o exterior a la si-
    tuación comunicativa
Rn = referente interiorizado
    en la situación comu-
    nicativa

A (C+I) = agente emisor con un carácter de comunicante
B (C+I) = agente receptor con un carácter de interpretante

La relación comunicativa se establece entre dos elementos protagónicos: de un lado, el elemento activo, al que llamaremos el *agente emisor* (A), productor o cifrador de determinados mensajes, y, de otro, el elemento pasivo, al que llamaremos el *agente receptor* (B), descifrador o consumidor de los mismos.

Para que tenga lugar realmente esta relación de comunicación es necesaria una determinada conexión física entre el lugar del agente que está en la *fase de ciframiento* de los mensajes y el lugar del otro agente, el que está en la *fase de desciframiento* de los mismos. A esta conexión efectiva entre ambas situaciones, que en el caso de la comunicación lingüística básica sería el estado acústico de la atmósfera, la denominaremos el *contacto* (Ct).

La información, aquello que el emisor cifra y el receptor descifra en el proceso de comunicación, sólo existe en éste en calidad de mensaje (M), es decir, como información incorporada en el contacto, articulada con él, haciendo de él un material simbólico.

La información es aquello proveniente del espacio que rodea por fuera a las dos situaciones interconectadas, de lo que el emisor se ha apropiado y que él pretende hacer llegar al receptor. A este elemento exterior, al que sólo el emisor tiene acceso, lo llamaremos el *referente* (R).

Finalmente, el elemento que permite cifrar y descifrar la información en calidad de mensaje, manejar de manera adecuada al contacto para poner y para reconocer en él su consistencia simbólica, elemento que está "en posesión" lo mismo del emisor que del receptor, lo llamaremos el *código* (K).

El proceso de comunicación tiene lugar en dos momentos o dos fases diferentes y consecutivas, la de la producción, emisión o ciframiento del mensaje y la del consumo, recepción o desciframiento del mismo.

En el primer momento, el agente emisor, cuya situación está abierta al referente, toma una información acerca de éste, la somete a una acción de ciframiento, ejecutada sobre el material de contacto y mediante el uso activo de un determinado código de simbolización, y la envía así, convertida en mensaje, en dirección al receptor. En el segundo momento, el agente receptor, cuya situación no tiene acceso al referente, acepta el mensaje proveniente del emisor, toma la alteración del contacto y descifra de ella, mediante el uso pasivo del mismo código de simbolización, la información que le aporta una cierta apropiación cognitiva del referente.

El proceso de comunicación, sigue Jakobson, se constituye como una síntesis de muy diferentes funciones comunicativas centradas cada una de ellas en uno de los elementos de dicho proceso. Las seis funciones que él distingue en la comunicación lingüística son las siguientes: función *referencial*, función *expresiva*, función *apelativa*, función *fática*, función *metalingüística* y función *poética*. (Ver el diagrama 3.)

Jakobson reconoce que el proceso de comunicación lingüística tiene básicamente una función referencial o cognitiva. La comunicación está motivada sobre todo por la realidad exterior, el referente o contexto, es decir, por la necesidad de compartir la apropiación cognoscitiva de ella; la comunicación posibilita la socialización de esta apropiación del referente. En todo proceso de comunicación, se trata de que el agente receptor interiorice algo que está aconteciendo en una zona para él inaccesible de la realidad, y que lo haga mediante la absorción de una información acerca de ese "algo" que le está siendo enviada por el emisor —que sí tiene acceso a esa zona— y que fue compuesta por él a su manera.

DIAGRAMA 3. *Las funciones del proceso comunicativo*

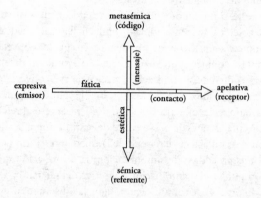

Sin embargo, observa Jakobson, no hay que olvidar que las otras funciones que se configuran en torno a los otros elementos del proceso de comunicación son igualmente importantes. Para mostrar esto, basta considerar las dos funciones comunicativas que están centradas la una en torno al agente cifrador o emisor, y la otra en torno al agente descifrador o receptor: la función expresiva o emotiva y la función apelativa o conativa. En el proceso de comunicación, no sólo se envía, de manera puramente operativa, una información acerca del contexto, sino que en él se connota además la razón de ser de la activación del proceso mismo. La comunicación sucede "en razón de algo", un "algo" que se define en dos frentes, el del emisor y el del receptor. Acontece en razón de la necesidad que tiene el primero de poner de manifiesto o expresar la alteración (del "estado de ánimo", de la "identidad") que el motivo contextual de la información ha provocado en él; y acontece, simultáneamente, en razón de la disposición que tiene el segundo para aceptar la propuesta conativa, apelativa, de alteración de sí mismo en el momento en que se apropia de la información que le trae el mensaje.

Una primera síntesis de estas tres funciones —la centrada en el contexto (referencial), y las centradas en los dos agentes del proceso, el emisor (expresiva) y el receptor (apelativa)— que conforman el núcleo básico del proceso comunicativo se encontraría en lo que Jakobson denomina la función fática del lenguaje, utilizando un término que viene del griego *fatis*, "rumor del habla", y que remite a algo que "no significa nada" pero que es dicho por todos y oído por todos. Se trata de una función que sólo se muestra en su pureza cuando observamos a la comunicación en el "grado cero" de sus posibilidades, en aquellos comportamientos comunicativos —como el saludo, por ejemplo— en los que todo el proceso se concentra simplemente en hacer ostensible, en general, la posibilidad de la expresión y de la apelación, hacer patente la vigencia de la comunidad que existe entre el emisor y el receptor —comunidad que, como sabemos, tiene una consistencia doble: corporal, pues ambos comparten el mismo contacto, y mental, pues ambos comparten el mismo código.

Aparte de las cuatro funciones básicas del proceso de comunicación lingüística —que de manera aproximada podrían reconocerse también en la comunicación animal (recordemos lo que decía Marx: "La anatomía humana da la clave para la anatomía del mono")—, Jakobson distingue otras dos funciones que se afirman como exclusivas de la comunicación semiótica o humana: la función metalingüística y la función poética. La primera está centrada en torno al elemento llamado "código" y la segunda lo estaría en torno al elemento llamado "mensaje".

Entre el emisor y el receptor de la comunicación lingüística se encuentra un ambiente de rumor, que es el estado acústico natural de la atmósfera, del aire que los interconecta. ¿Cómo hace el emisor para que la alteración a la que somete a ese estado acústico sea percibida por el receptor como portadora de sentido? ¿Cómo hace el receptor para distinguir, dentro del rumor que llega a sus oídos, ciertos conjuntos sonoros significativos? Cuando hablamos de código nos referimos a aquello que está indicado por la palabra "lengua" en la terminología lingüística de Saussure. Es la lengua la que guía al hablante y al escucha cuando el uno enciende y el otro reconoce una consistencia simbólica en una determinada materia sonora. El código es el otro elemento común a la situación del emisor y a la del receptor; consiste en un conjunto de principios, leyes, reglas y normas de composición; es el elemento de la comunicación que estipula cuándo, dentro de qué límites una alteración del contacto, un re-ordenamiento de esa *fatis*, de ese "rumor en el aire", puede ser efectivamente significativa; cuándo, dentro de qué límites una combinación de los elementos del mismo entra en articulación o se "simboliza" efectivamente con un determinado sentido.[1]

---

[1] En términos más precisos, las disposiciones de este código son disposiciones de selección y reglas de combinación de elementos o, como nos dice Jakobson, reglas para un eje paradigmático y reglas para un eje sintagmático. Para realizar la comunicación es preciso elegir determinados elementos de entre la multiplicidad de los que están conectando al emisor con el receptor, elección que opera teniendo en cuenta su similitud y su diferencia. Pero al mismo tiempo existe un conjunto de reglas de ubicación de estos elementos, reglas de combinación o de composición que los organizan en una secuencia temporal o espacial. Los elementos elegidos se ubican en el tiempo y en el espacio dentro de una determinada continuidad. De esta manera, las reglas del código son tanto reglas para el eje sintagmático o de contigüidad cuanto para el eje paradigmático o de selección. Cualquier elemento del contacto puede constituirse entonces en un elemento significativo siempre que esté conectado con otros elementos, de acuerdo a una determinada definición de su identidad diferencial respecto de los otros, y

La función metalingüística tiene que ver con el hecho, recordado por Jakobson, de que no hay ningún acto de comunicación lingüística en que el código, la lengua, ese "instrumento" con el que es posible componer y descomponer los mensajes, no se encuentre puesto en cuestión respecto

siempre que esté ubicado en el sitio preciso dentro de una secuencia. Pero hay otra característica de este código en la que es necesario insistir. El código del proceso de comunicación social determina la posibilidad de combinar, lo mismo en el eje paradigmático que en el sintagmático, elementos de dos tipos de consistencia diferentes, correspondientes a dos niveles diferentes de articulación o simbolización. El lenguaje humano, dice Martinet, no sólo envía y recibe significaciones que están constituidas por las combinaciones de elementos ya significativos ellos mismos, sino que tiene otro nivel, una segunda posibilidad de articulación o producción de sentido, que consiste en combinar elementos que no están dotados por sí mismos de ninguna significatividad. Estos dos niveles de articulación son los que están inscritos o determinados en el código. Por un lado, el código implica reglas de combinación de elementos con sentido, por ejemplo, las reglas de sintaxis, que nos indican cómo conectar entre sí palabras, es decir, elementos que significan ya por sí mismos. Habría así un nivel puramente sintáctico como la articulación de los distintos elementos de la oración. Pero, por otro lado, "debajo" de este nivel —y esto sería lo fundamental— habría otra posibilidad sintagmática, otra posibilidad de ubicación de los elementos para lograr sentido, que sería la articulación de aquellos elementos que no tienen ninguna significación por sí mismos. En el caso de la comunicación animal, nos dice Benveniste, podemos encontrar procesos de combinación de elementos, un proceso de envío y recepción de señales pero que se mueven sólo en la articulación más manifiesta, la de los elementos que son significativos por sí mismos. Así, por ejemplo, las abejas, para comunicarse, realizan en su vuelo determinadas evoluciones cuya trayectoria se destaca, con un ángulo mayor o menor, respecto de la línea del horizonte, convirtiéndose así, en cada caso, en una indicación independiente, en una señal que vale por sí misma. En cambio, en lo que hace al lenguaje propiamente dicho o lenguaje humano, tendríamos justamente otra posibilidad, la de componer significaciones usando elementos que por sí mismos no significan nada, como son los "fonemas".

precisamente de su efectividad como tal. Todo acto de comunicación implica un forcejeo con el código que lo hace
posible. En la comunicación humana, a diferencia de lo que
parece suceder en la comunicación animal, el código no
está encarnado en los agentes de la comunicación sino que
entre quienes lo "usan" y ese código hay un cierto distan-
ciamiento, un *décalage*. Hay una tensión entre lo que es el
hablar, el comunicarse, y lo que es el instrumento, la lengua,
el código de esta comunicación. El cifrador y el descifrador
están siempre poniéndose "por encima" de él, dudando de
su eficacia, juzgándolo, tratándolo como perfectible, preten-
diendo transformarlo. La función metalingüística consiste
precisamente en esta autocrítica de la comunicación inma-
nente al acto mismo en que se realiza. Más acá del código,
puesto que depende de él para realizarse (puesto que está
siendo "hablado" por él), la comunicación está también
siempre un poco más allá de él, rebasándolo, poniendo al
descubierto como "decibles" cosas que hasta entonces eran
"indecibles".[2] Hay que añadir a esto que la función metalingüística no siempre se mantiene como un "momento" integrado y confundido con las otras funciones; en ocasiones
puede también mostrarse en su pureza y afirmarse como la
función protagónica de la comunicación.

Esta modalidad del uso lingüístico en la que la función
metalingüística predomina sobre todas las demás —puesto
que la composición y de-composición del mensaje se lleva
a cabo con la intención directa de poner en crisis el estado
actual del código— tiene para Jakobson —y con razón—
una importancia especial. Tanta, que pretende reconocer en

---

[2] La lengua debería ser vista como un corte transversal, en un determinado momento, en el proceso de simbolización que tiene lugar en el
acontecer histórico del habla.

ella una sexta función comunicativa, la función que él llama "poética" y que estaría centrada justamente en torno al elemento "mensaje" o, mejor, al juego con las muy diferentes vías para componerlo y de-componerlo que es posible arrancarle al mismo código.

*

La tesis que apoyamos —y de la que parte la definición de la cultura que intentamos sustentar— no afirma solamente que el proceso de producción/consumo de objetos prácticos "contiene" un momento semiótico o "lleva consigo" o "va acompañado" de un proceso de comunicación. Más allá de eso, afirma que entre en el proceso de producción/consumo de objetos prácticos y el proceso de producción/consumo de significaciones hay una identidad esencial.

Si se establece una comparación no se puede menos que reconocer que, así como el lenguaje humano —el proceso de comunicación por excelencia— puede ser considerado como una variante del proceso de producción/consumo de objetos prácticos, así también este último puede ser visto como una variante del proceso de producción/consumo de significaciones. En efecto, ¿acaso la palabra no es también un objeto práctico, de materialidad sonora? ¿Acaso la pronunciación de una palabra no es un "trabajo" de transformación del estado acústico de la atmósfera, mediante ciertos "utensilios" del cuerpo humano, que es "consumida" o disfrutada al ser percibida auditivamente? ¿Acaso la extracción de información fuera o a partir del referente por parte del emisor no es también, en definitiva, una "apropiación de la naturaleza" como la que tiene lugar en cualquier proceso de trabajo, sólo que una apropiación del tipo cognoscitivo?

¿Acaso el contacto no es una "materia prima" y el código un "campo instrumental"? ¿Acaso el expresar del emisor no es un "proyectar" y el apelar al receptor no es un "transformarlo"?

Decíamos que el carácter "político" del animal humano hace de él, inmediatamente, un ser "semiótico"; a ello habría que añadir que el carácter semiótico del ser humano hace de él, de modo igualmente directo, un ser del lenguaje, del *lógos*. En efecto, la semiosis en cuanto tal sólo es imaginable en su desdoblamiento como "semiosis lingüística", por un lado, y como "semiosis práctica", por otro.

Hay que suponer, en el proceso de comunicación, la acción de una tendencia inherente e indetenible del mismo a su propia optimización, a la optimización de cada una de sus funciones y del conjunto de ellas. Y hay que suponer también que toda la infinidad de los objetos prácticos —cuya forma, como veíamos, es necesariamente un mensaje— tiende a clasificarse en referencia a la agilidad y la precisión transmisoras del sentido comunicativo. Hay unos objetos hacia un extremo, cuya capacidad de transmitir muestra un grado relativamente bajo de agilidad, de precisión o de ambas (pensemos en una casa, por ejemplo), mientras hay otros, hacia el extremo opuesto, en los que su capacidad de transmitir posee una de las dos características, o las dos, en un grado relativamente alto (pensemos en un guiño de ojos, por ejemplo). Los primeros serían aquellos objetos que presentan menos forma en más material, aquellos cuya materialidad es menos dúctil, más reacia a adoptar una forma y cuyo ciclo productivo/consuntivo es más prolongado; los segundos, a la inversa, serían aquellos objetos que en menos material tienen más forma, aquellos cuyo material es más sutil, más apto para asumir formas y cuyo tiempo de producción/consumo es más corto. De entre estos últimos —como veremos más adelante—, las transformaciones en el estado acústico de la atmósfera resultan ser, con mucho, los objetos más precisos y expeditos en la transmisión de información; son los que llegan a ostentar el máximo de forma en un mínimo de material (pensemos en la exclamación "¡ah!", del señor Keuner, en el libro de Brecht), los más aptos para mediar entre la intención del productor y la transformación del consumidor.

SEMIOSIS Y CULTURA

De estas explicaciones en torno a la tesis acerca de la identidad esencial entre la semiosis y la producción/consumo de objetos prácticos quisiera desprender tres indicaciones para la definición de la cultura.

La primera tiene que ver con el ordenamiento y la jerarquización de las funciones comunicativas descritas por Jakobson, la segunda con la composición estructural del objeto o del mensaje y la tercera con la universalidad del código y su operatividad real en la concreción histórica.

La función referencial ha sido la dominante en la comunicación lingüística de todas las sociedades que conocemos en la medida en que todas ellas han sido, de alguna manera, productivistas. La existencia de las comunidades ha estado centrada fundamentalmente en alcanzar un excedente en la interiorización de lo Otro (de la "naturaleza") como condición de supervivencia de lo humano; en obtener, por lo tanto, informaciones sobre la naturaleza. Todo el proceso semiótico ha debido centrarse, así, en la función apropiativa, sea ésta práctica en general o propiamente referencial, cognoscitiva. Sabemos, sin embargo, que esta centralidad puede romperse en determinadas circunstancias y que en el proceso de comunicación hay la posibilidad de que la función referencial llegue a girar en torno a otra u otras de las cinco funciones restantes.

Este hecho es de suma importancia para una consideración como la que hacemos. Pensamos que si una descripción del conjunto de las funciones comunicativas va más allá de lo "realmente existente", del modo en que existe de facto, es decir, de su ordenamiento en torno a la función referencial, y hace el intento de precisar cuál es su ordenamiento esencial, debe llegar necesariamente a la conclusión de que se trata de una totalización que gira en torno al entrecruzamiento de dos líneas de tensión, cada una de las cuales intenta prevalecer sobre la otra: una que va de la función expresiva a la función apelativa, y otra que va de la función referencial o "sémica" a la función metalingüística o "metasémica".

El primer intento de prevalecer es el del "momento" comunicativo constituido por la tensión que va de la función expresiva a la función apelativa como un par de funciones que se copertenecen. Según este intento, lo determinante del proceso de producción/consumo debe encontrarse en el hecho de que se trata de un proceso de "autorrealización" del sujeto humano, es decir, un proceso en el que una cierta intención del sujeto está plasmándose como modificación, sea de sí mismo en el futuro o de "otro", en el plano de la reciprocidad.

En la perspectiva de este momento comunicativo lo fundamental estaría en la relación intersubjetiva, en lo político; el proceso de comunicación estaría centrado precisamente en la tensión que va de lo expresivo a lo apelativo. La función referencial aparece entonces como si estuviera al "servicio" de esta dinámica. La expresión de una experiencia del mundo, hecha como una apelación al receptor para que se modifique, resulta ser el marco que delimita la referencia práctica general al exterior, al contexto. La función referencial lingüística o de tipo cognoscitivo, la producción del conocimiento, estaría así siempre dominada por la gravitación de lo expresivo/apelativo; estaría al servicio de la *performance* comunicativa propiamente dicha, del flujo vital y político que, al conjuntar al cifrador con el descifrador, promueve una "voluntad de saber".

El otro intento de prevalecer es el del "momento comunicativo" constituido por la tensión que va de la función referencial o "sémica" a la función "metalingüística" o "metasémica" como un par de funciones que también se copertenecen. Según este intento, lo determinante del proceso de producción/consumo debe reconocerse en que se trata de un proceso de humanización o de interiorización de lo Otro (lo que la modernidad conoce como "Naturaleza") en el mundo de lo humano; un proceso en el que el uso o el habla, la producción de significaciones o de objetos prácticos, al poner en funcionamiento un código o un campo instrumental, lo emplea y se somete a él al mismo tiempo que desborda su efecto simbolizador, su eficiencia técnica, y cuestiona su capacidad simbolizadora o su instrumentalidad.

En la perspectiva de este "momento" del proceso semiótico lo fundamental estaría en la relación técnica de lo humano con la humanización de lo extra-humano, del seguimiento del orden con la ordenación misma del caos, de lo "decible" con la "decibilidad de lo indecible". La forma del objeto estaría dada por la tensión que se enciende entre la disposición técnica general de abordaje de lo Otro (de la "naturaleza"), inherente al campo instrumental que sirvió para producirla, y la propuesta singular de conexión con eso Otro (con la "naturaleza") que está en juego en el proyecto de realización concreto —lo mismo del objeto que del sujeto— que ella debe posibilitar.

El proceso de comunicación estaría, así, determinado precisamente por la tensión que prevalece entre el "habla" y la "lengua", entre el uso del instrumento y la instrumentalidad del mismo. La referencia técnica hacia lo Otro, cumplida en cada uso del instrumento, resulta ser lo que está verdaderamente en juego en toda relación del productor con el consumidor. La *performance* comunicativa, el cumplimiento de lo expresivo como apelativo aparece entonces como si fuera solamente un episodio en la historia de esa tensión conflictiva. La línea de tensión que reúne a lo expresivo con lo apelativo estaría siempre dominada por esta otra que lleva de la función referencial lingüística o función cognitiva, productora de conocimiento, a la función metalingüística, la que articula o simboliza a lo extra-mundano con lo mundano.

El entrecruzamiento de estos dos ejes de tensión dentro del conjunto de las funciones que constituyen el proceso de semiosis comunicativa, entrecruzamiento en el que cada uno intenta prevalecer sobre el otro, otorga a ese conjunto un principio de ordenamiento inestable que convierte al proceso de semiosis en una realidad plural y proteica.

Una definición de la cultura como la que intentamos, que quisiera basarse en la afirmación de una identidad esencial entre lo práctico y lo semiótico, deberá tener presente este carácter plural y proteico del hecho comunicativo, puesto que es en el despliegue de este carácter en donde esa identidad debería mostrarse como tal.

*

La segunda indicación —que en verdad no hace más que prolongar la anterior— sale de la descripción de la estructura de la materia significativa hecha primero por Ferdinand de Saussure y replanteada después por Louis Hjelmslev.

En todo objeto práctico puede distinguirse, por un parte, lo que en él hay de aquello que fue su materia prima y, por otra, lo que en él es la forma actual que tiene transformada a esa materia y que es precisamente lo que el trabajo que lo produjo objetivó en ella sirviéndose de ciertos instrumentos. La forma del objeto es la que hace que el consumidor lo perciba como el satisfactor apropiado para una determinada necesidad suya, y la misma forma del objeto es la que, simultáneamente, hace que el productor tenga por realizable su intención ("*purport*") de transformar al consumidor. Bifacética, la forma del objeto sintetiza esta intención y esa expectativa, repitiendo a escala individual, por enésima vez, el arreglo o compromiso entre el sistema de las necesidades de disfrute y el sistema de las capacidades de trabajo del sujeto social global.

Por ello es que la descripción que Saussure hizo del "signo", de aquello que correspondería a lo que es el "mensaje" en el esquema de Jakobson, es también la de un objeto de consistencia bifacética. Un signo, es decir, una significación considerada al margen del valor coyuntural que tiene en un momento determinado de la comunicación social, está constituido por un determinado hecho perceptible de algún modo a través de los sentidos (digamos un sonido, un trazo sobre el papel), que sería el "significante", hecho que se (con)funde con una determinada intención de sentido, que sería el "significado". Un signo es tanto la mancha de tinta sobre el papel o la perturbación de las ondas sonoras en el aire como algo más, articulado íntimamente a ella: una "imagen" extrasensorial, una realidad mental, un concepto.

Pero además de esto, la forma del objeto práctico no es solamente un vínculo entre dos agentes "contemporáneos"; lo es también entre ellos y otros agentes como ellos, del pasado o del futuro. La forma del objeto práctico es siempre y en todo caso una forma transformada o la transformación de una forma previa, pues no hay en verdad una materia verdaderamente "prima", un objeto de trabajo que sea absolutamente "natural", informe, carente de toda impronta humana. Es una forma que, determinada tanto en la tensión comunicativa entre el trabajador y el disfrutador como en la tensión puramente semiótica entre uso y código (habla y lengua), tiene siempre y en todo caso una "historia" que incluye en sí misma un pasado: capas superpuestas de formas anteriores rebasadas por ella pero sin las cuales ella no podría ser lo que es. Y también, por supuesto, un futuro, puesto que determina de modo indispensable, aunque sólo sea como substancia, cualquier nueva forma que pretenda aparecer.

Este segundo movimiento de conformación de la forma del objeto práctico —menos evidente que el primero pero igualmente esencial— es el que descubrió Hjelmslev como resultado de su profundización en el carácter simbólico "bifacético" o "biplanar" que había estudiado Saussure en el examen de la consistencia del signo. (Ver el diagrama 4.)

En el acto de constitución unitaria del significante y el significado —a los que Hjelmslev describe como pertenecientes el primero al "plano de la expresión" y el segundo al "plano del contenido"— tiene lugar, al mismo tiempo, otro acto igualmente decisivo al que podríamos llamar de "donación de forma a una substancia" o, dicho con más precisión, de conversión de un "material intencional" (*purport*) en la base o la "substancia" de una "forma". Si algo así como un signo es posible —dice este autor—, si puede existir una cosa

DIAGRAMA 4. *La biplanaridad del signo y su doble estrato*

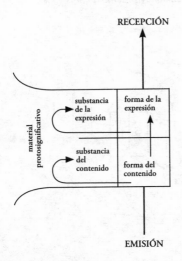

que es al mismo tiempo "materia" y "espíritu", unidad que
articula o simboliza a una expresión (significante) y un contenido (significado), ello se debe a que tanto la una como
el otro están constituidos por un acontecer semiótico que
forma o trans-forma al resultado de una "simbolización"
precedente (o a una proto-simbolización) tomándolo como
soporte o substrato de un nuevo "efecto simbolizador". Toda
forma implica de alguna manera un "encabalgamiento" sobre otra forma previa. (Ver el diagrama 5.)

No serían sólo dos, entonces, las determinaciones constitutivas del signo: las dos caras (significante y significado)
o dos planos (expresión y contenido) de un mismo objeto.
Habría además otras dos determinaciones —entrecruzadas

Diagrama 5. *Forma de formas*
(el encabalgamiento de los signos)

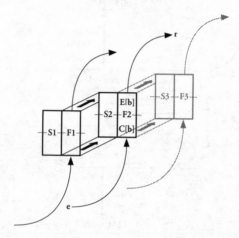

S1, S2, S3 y F1, F2, F3 = substancia y forma de los signos
   1, 2 y 3, respectivamente
e = emisión
r = recepción

con aquéllas—, la del "estrato de la forma" y la del "estrato de la substancia". Mismas que, proyectadas sobre los dos planos o facetas del signo, se alinearían entonces como "substancia del contenido" y "substancia de la expresión", por un lado, y como "forma del contenido" y "forma de la expresión", por otro.

¿Cómo debe entenderse esta distinción entre un estrato substancial y un estrato formal del signo, distinción válida lo mismo para el plano de la expresión que para el plano del contenido (tanto para el significante como para el significa-do)? Creemos que en este punto es posible promover que la teoría del signo de Hjelmslev y la teoría de la comunicación de Jakobson trabajen la una sobre la otra, dejándolas descubrir su complementariedad.[3]

Habíamos indicado desde el principio que el signo, la unidad significativa elemental, el objeto significativo o portador de mensaje se constituye como alteración del medio que se halla entre el emisor y el receptor, del contacto-alteración que se ejecuta gracias al uso del otro elemento común entre ellos, que los reúne y los hace coexistir en una comunidad elemental: el código. Si prestamos atención al contacto observamos que, ya de entrada, él tiene una doble consistencia. En el caso del lenguaje —ejemplo siempre paradigmático— consta, primero, del aire, de la atmósfera con su sonoridad alterable o su estado acústico siempre dispuesto a variar, y, segundo, de la *fatis* propiamente dicha, del rumor, del estado "acústico-social" de esa atmósfera, de una inercia "protosignificativa" que convoca desde la comunidad de los interlocutores. Nunca es pura la sonoridad del aire, siempre hay en ella la marca reconocible de una preferencia para la adquisición de sentido, de una predisposición significativa. Este soporte físico siempre ya socializado de la copertenencia entre emisor y receptor constituye el material o la "materia prima" que, al recibir una determinada forma en el proceso comunicativo, adquiere justamente la calidad de substancia de esa forma.

Al poner en juego un mensaje es el diálogo entre emisor o comunicante y receptor o interpretante el que enciende en

---

[3] Obsérvese, por ejemplo, que la relación entre forma y substancia del signo, descrita por Hjelmslev, puede ofrecer el substrato conceptual de la relación que Jakobson necesita establecer entre el mensaje y el contacto.

el contacto su aspecto físico convirtiéndolo en el "significante" del signo, y el que actualiza en el mismo contacto
su aspecto social haciendo de él su "significado". Pero no
hay que pasar por alto que en esa reconformación de la
forma espontánea de la *fatis*, del rumor, esta *fatis* o rumor,
esta pervivencia de diálogos anteriores en el material mismo del diálogo actual (como en el "polvo" del que habla
el poema de Quevedo o en las voces que murmuran en
los rincones de Comala) puede alcanzar un protagonismo
enigmático.[4]

La perspectiva que muestra al signo, al mensaje, como
la encrucijada de dos líneas diferentes de tensión semiótica, la expresivo-conativa y la sémica-metasémica, tiene una
importancia esencial para la definición de la cultura. Ense-
ña que la vida humana no es sólo un asunto intersubjetivo
sino que es igualmente un asunto que remite a una relación
siempre renovada del sujeto humano con "lo Otro".

*

La tercera indicación que esta hipótesis sobre la identidad
entre la producción/consumo de bienes y la semiosis puede

[4] Al poner en evidencia que todo acto de habla, junto al emisor y al receptor, incluye una tercera fuente de sentido —el material protosignificativo reve-
lándose como substancia en el acontecer de la forma—, la teoría de Hjelmslev
permite esquivar la tentación metafísica de buscar en una "revelación" supra-
humana el origen de toda significación y todo sentido. Tentación en la que
cae Heidegger cuando, al combatir con razón la idea del lenguaje como mera
transmisión ("comunicación") de informaciones, sustantiva esa tercera dimensión del lenguaje —exagerando el "misticismo lingüístico" de Benjamin—,
hace de ella un tercer personaje y le adjudica la jerarquía de un "hablante"
superior; cuando afirma, pues, que es la propia "lengua" la que, siempre que
hablamos, "nos habla": habla "por nosotros y a través de nosotros".

aportar a la definición de la cultura proviene de una distinción entre los dos niveles de consistencia de la lengua que reconoce Eugenio Coseriu, el nivel del "sistema" y el nivel de la "norma".

La lengua es un aspecto de la existencia del habla, del lenguaje humano en el acto mismo de efectuarse. Es lo que puede describirse si se hace un corte transversal en el flujo de su realización, si se considera un "estado del habla". Es decir, es la estructura de las reglas que se están siguiendo en el ciframiento/desciframiento de las significaciones. Los dos niveles de consistencia de la lengua, el puramente funcional o "sistemático" y el propiamente histórico o "normal", mantienen entre sí una relación de copertenencia tan íntima que si bien el segundo no podría "existir" sin el primero, éste, a su vez, no podría "realizarse" sin él.

El campo instrumental de la producción/consumo en la época moderna experimentó, a partir de la segunda mitad del siglo XVIII, una transformación radical conocida como la "revolución industrial". El nuevo esquema que ella impuso al proceso de trabajo —descrito magistralmente por Marx en *El capital*— incluía la inserción, entre las manos del trabajador y la materia prima, de un complejo maquinal dotado de su propia fuente de energía y capaz de manipular las herramientas directas. Se trataba de un esquema general, reconocible desde entonces en todos los procesos de revolucionamiento industrial que vendrían después. No puede hablarse, sin embargo, de una sola revolución industrial; han habido muchas revoluciones industriales, de acuerdo al modo en que debieron llevarse a cabo, al tipo de energía del que dispusieron, a las diversas maneras de diseñar el complejo maquinal, al producto preferencial al que debían dedicarse. El código o la estructura instrumental del medio de producción debió transformarse en cada caso de manera concreta, a través de la transformación de un sub-código de ese mismo medio de producción, de una sub-estructuración instrumental en la que estaban tenidos en cuenta esos factores inesenciales en abstracto pero esenciales para la realización efectiva del proceso de trabajo.

La idea que quisiéramos rescatar de esta distinción entre "sistema" y "norma" es la de que esta última actúa como un sub-código que es capaz de sobredeterminar al código, de volverlo más amplio o complejo, es decir, más específico o selectivo, y que esta subcodificación sobredeterminante es indispensable para la existencia real e histórica del mismo.

*

A las indicaciones que hemos visto hasta aquí, sugeridas para la construcción de una teoría de la cultura y provenientes de la idea de una identidad esencial entre semiosis y reproducción mediante objetos prácticos, es indispensable añadir una última no menos importante. Es una indicación que se refiere a la relación existente entre semiosis en general y semiosis lingüística.

El intento de encontrar el lugar conceptual más adecuado para la construcción de una teoría de la cultura nos ha llevado a reconocer la consistencia semiótica de la vida humana. Decíamos que si la politicidad —el predominio de lo político sobre lo físico— es el rasgo más propio y característico de la reproducción social, esa politicidad tiene que darse como semiosis, es decir, como conversión de su momento comunicativo —momento que le es inherente en tanto que proceso de vida animal— en un proceso de producción y consumo de signos propiamente dichos.

Establecíamos, a continuación, una homología entre la descripción que Marx esbozó del proceso de reproducción social y la descripción que Jakobson hizo del proceso de comunicación lingüística, y hemos planteado que ambos hacen en verdad referencia al mismo proceso, sólo que mirado desde dos perspectivas diferentes. Y afirmábamos, por último, que esta coincidencia permite ubicar el lugar conceptual desde el cual se descubre la presencia de algo así como una "dimensión cultural" de la vida humana.

La tesis acerca de la coextensividad del proceso de reproducción social y el proceso de comunicación nos había conducido a señalar que todos los objetos prácticos son significativos en la medida en que tienen una determinada forma, que el sentido concreto de cada uno de ellos radica en la peculiaridad de su forma. El productor, con su acción en el proceso de trabajo o "consumo productivo", trans-forma o vuelve a dar forma a un determinado material; esta nueva forma es el núcleo de la presencia del objeto práctico. Lo que acontece en el proceso de consumo final o disfrutativo es justamente la eliminación de esa forma en el objeto mediante su conversión en factor de la re-conformación del sujeto en tanto que consumidor, de la alteración de su "mismidad" o "identidad" anterior.

El consumidor sabe destruir al objeto; lo hace como parte de su auto-construcción. Al absorber las substancias alimenticias del pan, el consumidor no destruye la substancia material de la que está hecho sino que la recicla. Al hacerle caso a la forma del pan, al aceptarla y gozarla de una manera que se afirma como la más oportuna y adecuada —dado el lugar y el momento concretos—, el consumidor "recicla" también su sentido; lo hace descifrándolo en el instante mismo en que lo convierte en la base o la substancia semiótica de otro acto de donación de forma, el suyo propio, que está en proceso.

Hay —insistimos— el ciframiento de una significación en la forma del objeto práctico y hay un desciframiento de la misma que consiste exclusivamente en el consumo formalmente adecuado de dicho objeto. El sujeto productor, al dar la forma concreta al producto —por caso al pan— está cifrando un determinado mensaje acerca de cómo debería ser aquél que consuma ese objeto. El consumidor de pan, que requiere transformarse en el acto de consumir, se transforma efectivamente, y lo hace acatando por un lado y desacatando por otro la sugerencia de ese mensaje práctico. Se transforma, al menos básicamente, de un sujeto hambriento en un sujeto saciado. Pero, sobre todo, pasa de ser un sujeto hambriento en un determinado sentido a ser un sujeto saciado tanto en ese sentido, el suyo, como en otro, el que viene con la forma —la consistencia, el sabor, la apariencia— del pan que consume. La forma de un objeto sólo transforma a aquel sujeto que, transformándose él mismo al transformar a otros, requiere que los otros, al transformarse a sí mismos, lo transformen.

La biplanaridad del objeto como vehículo de la praxis, el hecho de que está referido lo mismo al momento productivo que al momento consuntivo, y de que la secuencia de estos momentos implique la alteración del consumidor como efecto de la reacción provocada en "lo Otro" por la acción del productor; el hecho de que el objeto práctico sea a un tiempo producto y bien, contenido y expresión, significado y significante, hace que su carácter práctico y su carácter significativo sean una y la misma cosa. En verdad, la significatividad no es más que la quintaesencia de la practicidad del objeto. En su "nivel arqueológico" más profundo, las significaciones se dan siempre, en la vida cotidiana, como significaciones "atadas" a la existencia práctica del objeto.

Pero es indispensable dar un nuevo paso. Es necesario reconocer que en el proceso humano de reproducción/semiosis tiene lugar también un hecho decisivo que consiste en la (cuasi) emancipación de la significatividad del objeto respecto de la practicidad del mismo, en una depuración, ella misma práctica, de la quintaesencia semiótica de la practicidad. Es, así, constituido como un proceso aparte de producción/consumo de objetos de significatividad emancipada, que se da el proceso de la comunicación propiamente lingüística.

La palabra, el vehículo de la comunicación verbal —el modo básico de todas las versiones posibles de la comunicación lingüística—, es ella misma un producto con valor de uso por cuanto ella es simple y llanamente una intervención de la voz humana en medio de las ondas sonoras que existen en la atmósfera. El contacto que existe entre el emisor y el receptor es exclusivamente el aire, y lo único que hay como producto en el momento en que el sujeto emisor emite una palabra es una alteración del estado sonoro del mismo, una transformación de ese contacto casi "imperceptible" que está conectando al emisor con el receptor. Hay asimismo un consumo de ese producto que consiste exclusivamente en la percepción del efecto en las membranas del oído de esa alteración del aspecto acústico de la atmósfera provocada por la voz del emisor. Al escucharse una palabra, su sonido está siendo consumido de manera similar a como es consumida la materia del pan. Como el pan, también la palabra es un producto, una substancia trabajada, que va a ser consumida. En la palabra encontramos también, como en las otras cosas, una determinada practicidad. Es un producto, es un bien: pero su practicidad es *sui generis*.

A diferencia de los objetos prácticos comunes y corrientes, la palabra, la unidad más característica de la semiosis lingüística, es un signo que, en principio, no está atado a la practicidad física, material o corporal del objeto sino, por el contrario, liberado de ella. Para que el sujeto emisor entre en contacto con el sujeto receptor no es necesario que la practicidad efectiva del objeto producido/consumido tenga alguna relevancia dentro del sistema de capacidades/necesidades de origen animal. En el signo lingüístico, este tipo de practicidad del objeto se encuentra tan reducida que pasa al plano de lo virtual: es la practicidad *négligeable* de una simple alteración del estado acústico de la atmósfera. Lo admirable está en que sobre esa practicidad de una materia tenue o enrarecida, propia de esa inquietud del aire que es la palabra o signo lingüístico básico, se levanta una capacidad significativa cuya potencia es directamente proporcional a esa inconsistencia.

La posibilidad de separar al proceso comunicativo de la espacialidad y la temporalidad puestas básicamente por la "certeza sensible" de la vida animal y de poner a los mensajes en capacidad de combinarse entre sí libremente a través de las situaciones más variadas, algo que es impensable en el caso de la semiosis "atada" a la practicidad corporal, se vuelve, en el caso de la comunicación lingüística, su horizonte de acción fundamental.

Con ello nos encontramos frente a otra manifestación de la peculiaridad del proceso de reproducción social. Decíamos que el proceso de reproducción de la vida humana es específico porque es libre o, lo que es lo mismo, político. Decíamos después que lo es porque esa libertad se constituye como semiosis comunicativa. Y decimos ahora que dicho proceso de reproducción es específico porque esa semiosis incluye necesariamente la presencia de un proceso de comunicación específicamente lingüístico.

Lo que resulta más notorio y característico, lo que se percibe como propio y dominante en la vida de los seres humanos es sin duda que se trata de animales cuya reproducción gira, toda ella, en torno al ejercicio de esta actividad tan especial que es el lenguaje, es decir, esta capacidad de producir y consumir palabras, objetos de una practicidad *sui generis*, puramente semiótica, en los que su significación se ha "desatado" de su propio cuerpo.

Aparece así un elemento que tendrá una importancia decisiva en la consideración de la dimensión cultural de la vida humana. Hay que tener en cuenta, en efecto —como decía Roland Barthes, siguiendo a los "formalistas" rusos—, que la comunicación lingüística no está ahí como un "canal" de comunicación más, paralelo o yuxtapuesto a los múltiples otros canales que se incluyen en el sistema de capacidades y necesidades establecido entre el sujeto social como productor-emisor y el mismo como consumidor-receptor.

Todo tipo de relación práctica entre trabajador y disfrutador es en verdad un canal semiótico dotado de su particularidad. Pero la particularidad del "canal" lingüístico distingue a éste de todos los demás. Se trata de un "canal" privilegiado no sólo porque se concentra y entrega completamente a aquello que en los otros es sólo un momento integrado en ellos mismos, sino sobre todo porque su propio funcionamiento invade y penetra en todos ellos, alterándolos esencialmente en su realización. Es decir, porque, dada su mera vigencia, todas las posibilidades de la producción y consumo de significaciones prácticas van a estar referidas de alguna manera a aquello que se puede hacer a través suyo.[5] Dentro del proceso de la comunicación humana hay una especie de dominio del *lógos,* se observa una gravitación incontenible del discurso, de la palabra, sea ésta hablada, escrita o iconificada.

Cuando empleamos el término "discurso" en expresiones como "discurso fílmico", "discurso gestual", "discurso culinario", "discurso de la moda", etcétera, vamos más allá de su acepción propia, que lo reservaría para referirlo a ciertas configuraciones de la comunicación lingüística. Al hacerlo, sin embargo, subrayamos el hecho del logocentrismo en aquellos procesos de comunicación cuya sujeción a él es doble o que se encuentran en una relación expresa de dependencia respecto de él.[6]

En efecto, el *lógos* no sólo domina sobre los procesos comunicativos que nacieron ya por una decisión tomada dentro del universo humano modelado con el discurso lingüístico —como serían precisamente los del gesto cortesano, los del arte de la cocina o de la moda, o los de la representación fílmica—, sino sobre canales semióticos que

[5] Sólo "retrospectivamente", en la suposición irrealista de una época humana "anterior" al lenguaje, la comunicación que tiene lugar como producción y consumo de cosas, como proceso en el cual los seres humanos se intercomunican, "hablan" entre sí en el momento mismo en que unos producen determinadas cosas y otros las consumen, podría verse como una comunicación defectuosa, torpe, "muda". Semiosis, lenguaje y logocentrismo tienen que suponerse como hechos simultáneos.

[6] A su vez, el empleo de expresiones como "texto gestual" o "lectura de un cuadro" subraya la versión propiamente moderna del logocentrismo, es decir la subordinación del habla verbal al habla escrita. El *lógos* en la modernidad no es simplemente lingüístico; es lingüístico-escritural. El logocentrismo moderno recompone a las lenguas naturales de acuerdo a la versión escrita de las mismas, es decir, de acuerdo a un uso que consolida en ellas la preeminencia de la función lingüística referencial, sémica o apropiativa-cognoscitiva.

son tan originarios o más que el propio lenguaje. La comunicación olfativa, la del contacto táctil, la de la gestualidad corporal, la del intercambio de objetos, etcétera, son canales semióticos que, sin haber nacido al amparo de la construcción lingüística del mundo, se encuentran sin embargo subordinados a sus determinaciones. Y no sólo el sentido de lo significado en los distintos canales comunicativos está "habitado" por el sentido construido en el ámbito de la comunicación lingüística, sino que el conjunto mismo de estos canales se encuentra jerarquizado en referencia a la cercanía o afinidad de cada uno con el tipo lingüístico de la comunicación.[7]

[7] Cabe hacer una observación que tiene que ver con la necesaria asimetría que caracteriza al uso del código entre el momento del ciframiento del mensaje y el de su desciframiento. El "dominio" del código para producir determinados mensajes, sean éstos mensajes atados a la practicidad del objeto o sean ya mensajes lingüísticos, es necesariamente mayor o de otro orden que el necesario para consumirlos.

Miremos un caso extremo. Para componer un poema es necesario estar interiorizado en una serie de usos poéticos previos; ello puede elevar la calidad del texto poético. Para leer, percibir y aprovechar la oportunidad de experiencia estética que da ese texto, esa interiorización sólo es preferible, no necesaria. El código es el mismo, está en la normatividad y en la tradición de la lengua y, sin embargo, es uno para el cifrar y otro para el descifrar.

Esto viene a añadirse al hecho de lo que podría llamarse la cercanía del referente. El que escucha tiene noticia del referente pero una noticia que le está siendo exclusivamente transmitida por aquel que "está cerca" del referente. De alguna manera, el receptor está en una situación de desigualdad o de inferioridad en la medida en que no tiene acceso directo al referente sino a una información sobre él. Esta disimetría llega a convertirse en un fenómeno de primera importancia en la historia concreta del proceso de comunicación dominado por el *lógos*. Para la construcción de determinados mensajes se hace necesario el desarrollo de usos codificados que son los únicos mediante los cuales se pueden construir tales mensajes y que no son asequibles a cualquiera. Para producir determinados objetos es necesaria

Si consideramos el nivel fundamental de la especificidad del proceso de reproducción social nada hay más adecuado a su politicidad que la existencia del lenguaje. Éste permite que se cumpla lo característico del sujeto social, que es la necesidad/posibilidad en que está de proyectar de algún modo su propia identidad.

La libertad de elección que es inherente a la existencia de este objeto peculiar que es el signo lingüístico, la posibilidad de combinarlo con otros en mensajes virtuales que no tienen que pasar por "*the proof of the pudding*" no existe en ningún otro caso. Muchas veces se ha dicho que el hombre es el único animal que puede imaginar y que sabe mentir. Son aseveraciones que tienen que ver justamente con esta especificidad. Sólo en la reproducción social encontramos efectivamente signos que pueden ser combinados de las maneras más variadas, configurando "mundos aparte" sin que haya ningún peso material práctico que les sirva de ancla y los circunscriba al "mundo real" de la satisfacción de las necesidades animales. Si se puede mentir es porque se puede imaginar, porque se puede "suponer" la existencia de otro mundo en lugar del que está dado y que resulta *hic et nunc* insoportable.

Resumamos. La semiosis alcanza el máximo de su efectividad en la semiosis de la producción/consumo del objeto "palabra". En comparación con ésta y la libertad de movimiento que posee, la semiosis de la producción/consumo de todo el resto de los objetos se demuestra torpe, lenta y limitada. Es perfectamente comprensible, por ello, que la ventaja abismal de la semiosis lingüística sobre el conjunto de la semiosis práctica lleve a la primera a desarrollar sus

una tecnología moderna de la que su consumo puede prescindir; una tecnología cuya existencia sería imposible sin el predominio del *lógos* como ciencia natural experimental en la construcción del campo instrumental.

capacidades específicas de manera tal que le aseguran no sólo un alto grado de independencia respecto de ese conjunto, sino una influencia dominante, "logocentrista", sobre él. Tampoco resulta extraño, igualmente, que la propia semiosis parezca ser un proceso exterior a la producción/consumo de los objetos prácticos y exclusiva de la producción/consumo de las significaciones lingüísticas. Podríamos decir, imitando aquí también la frase de Marx sobre el ser del dinero y el ser del oro, que si bien la comunicación no es "por esencia" palabra, la palabra, en cambio, dadas sus cualidades excepcionales, sí resulta ser "por esencia" comunicación.

Tomando como base estas ideas, en la próxima lección comenzaremos nuestro intento de definir la cultura. Trataremos, para ello, de abordar el problema de la identificación concreta del código del comportamiento humano.

Bibliografía

Attali, Jacques, *La parole et l'outil.* (Trad. esp.: *La palabra y la herramienta,* Tecnos, Madrid, 1981.)

Barthes, Roland, *Le degré zéro de l'écriture*, Seuil, París, 1965. (Trad. esp.: *El grado cero de la escritura, seguido de nuevos ensayos críticos*, Siglo XXI, México, 1973.)

Baudrillard, Jean, *Le miroir de la production,* Utopie, París, 1972. (Trad esp.: *El espejo de la producción o la ilusión del materialismo histórico,* Gedisa, Barcelona, 1980).

Coseriu, Eugenio, *Sincronía, diacronía e historia,* Montevideo [1958]; Gredos, Madrid, 1973.

Eco, Umberto, *La struttura assente: introduzione alla ricerca semiologica*, Bompiani, Milán, 1968. (Trad esp.: *La estructura ausente,* Lumen, Barcelona, 1975.)

Efron, David, *Gesture and Environment*, King's Crown Press, Nueva York, 1941. (Trad. esp.: *Gesto, raza y cultura,* Nueva Visión, Buenos Aires, 1970.)

Hjelmslev, Louis, *Essais linguistiques*, Minuit, París, 1971. (Trad. esp.: *Ensayos lingüísticos,* Gredos, Madrid, 1972.)

Jakobson, Roman, *Essais de linguistique générale*, Minuit, París, 1963. (Trad. esp.: *Ensayos de lingüística general,* Seix Barral, Barcelona, 1975.)

Kristeva, Julia, *Le langage, cet inconnu. Une initiation à la linguistique*, Points, París, 1981. (Trad. esp.: *El lenguaje, ese desconocido,* Fundamentos, Madrid, 1988.)

Leroi-Gourhan, André, *Le geste et la parole*, Albin Michel, París, 1964. (Trad. esp.: *El gesto y la palabra,* Universidad Central de Venezuela, Caracas, 1971.)

Maltese, Corrado, *Semiologia del messaggio oggettuale*, Mursia, Milán, 1970. (Trad. esp.: *Semiología del mensaje objetual,* Gráficas Montana, Madrid, 1972.)

Martinet, André, *Éléments de linguistique générale*, Armand Colin, París, 1960. (Trad. esp.: *Elementos de lingüística general,* Gredos, Madrid, 1974.)

Saussure, Ferdinand de, *Cours de linguistique générale*, Payot, París, 1972. (Trad. esp.: *Curso de lingüística general,* Losada, Buenos Aires, 1968.)

Schütz, Alfred, *Der sinnhafte Aufbau der sozialen Welt*, Springer, Viena, 1932. (Trad. esp.: *La construcción significativa del mundo social*, Paidós, Barcelona, 1993.)

Lección IV

LA CONCRECIÓN DE LO HUMANO

No existe una naturaleza humana. Sin embargo, al menos hasta el momento presente de nuestra prehistoria, la escasez, sea cualquiera la forma que ella adquiera, domina sobre la praxis en su conjunto. Es necesario, así, comprender, todo al mismo tiempo, que la inhumanidad del hombre no proviene de su naturaleza; que la inhumanidad, lejos de excluir la humanidad, sólo se explica por ella, pero que, mientras no termine el imperio de la escasez, en todos y cada uno de los hombres habrá una estructura inerte de inhumanidad, que no es en definitiva otra cosa que la negación material en tanto que interiorizada.

Jean-Paul Sartre,
Crítica de la razón dialéctica

No HAY dos copos de nieve que sean iguales el uno al otro; no hay dos abejas que cumplan de manera igual el mismo programa de vida que les adjudica su especie. Una abeja, lo mismo que un copo de nieve, son hechos individuales, irrepetibles en su singularidad. Y así lo es también cualquier ser humano: cada uno, un ser único.

La singularidad, individualidad o unicidad no es, así, privilegio del ser humano; lo que es privilegio suyo es la concreción de las mismas.

El núcleo esencial de la idea de una individualidad concreta se encuentra en el concepto de reciprocidad. Concreto es el ser singular que se encuentra inmerso en un proceso en que él, con su estar ahí y actuar, se encuentra "haciendo" a los otros, alterando su existencia, y en que, al mismo tiempo, se encuentra también dejándose hacer por ellos, asumiendo de un modo u otro los intentos de cambiarlo que provienen de ellos. Concreto es el individuo que está comprometido en una historia de interacciones en la que se constituye como tal.

Esta idea de lo concreto de la existencia humana, que es un corolario de la tesis acerca de la libertad como condición específica de dicha existencia, corresponde a un ser humano individual que no necesariamente coincide con el individuo biológico, con un ejemplar de la especie *homo sapiens*. Al ser el resultado asumido de un juego de reciprocidades, el individuo concreto puede individuarse lo mismo en el aislamiento que en pareja, lo mismo en grupos pequeños de congéneres dotados de una identidad muy consistente que en otros más o menos amplios, de una identidad más bien difusa. Su individualidad será concreta en la medida en que sea capaz de percibir como efectiva la presencia de ese juego de reciprocidad y de intervenir de alguna manera en él.

De ser así, se puede pensar en una concreción que esté basada en compromisos (*Verabredungen*) históricos como aquellos a los que se refiere Walter Benjamin en sus tesis *Sobre el concepto de historia*. Compromisos de "larga (o muy larga) duración" que son capaces de convocar y juntar a seres humanos a través de cientos o incluso miles de años, otorgándoles una individuación o identificación perdurable. Los "hombres del maíz", los "del arroz", los "del trigo", por ejemplo: individuaciones colectivas arcaicas, difusas ya, que en la sociedad moderna se hallan combinadas con varias capas de otras más recientes y que se estructuran, de acuerdo al historiador Fernand Braudel, en torno a una "elección civilizatoria" aún vigente; que se ordenan en torno a la apuesta por el cultivo de una planta alimenticia preferente como núcleo cualitativo del mundo de la vida, como centro de gravedad de la peculiaridad formal que está en juego en la sistematización de la producción y el consumo.

Como habíamos visto en la equiparación término a término que hacíamos entre el esquema de la reproducción social de Marx y el esquema del proceso de comunicación de Jakobson, el campo instrumental en el primero se corresponde con lo que sería el código en el segundo. El código no es sino el campo instrumental de que dispone el sujeto social para producir/consumir el conjunto de los objetos prácticos que le sirven para su reproducción. Este campo instrumental contiene, así, en potencia, todas las posibilidades de donación/recepción de forma que el sujeto puede imaginar para el objeto.

Sin embargo, el sistema real que combina las capacidades de trabajo con las necesidades de disfrute del sujeto humano

no agota ni mucho menos ese horizonte abierto de posibilidades de creación de objetos prácticos. Es un sistema que re-
corta su propio horizonte particular dentro de ese horizonte
general, y que lo hace en interés del compromiso "histórico"
vigente entre los dos momentos del sujeto del proceso de
reproducción —el trabajador-emisor y el disfrutador-recep-
tor— en torno a un proyecto de autorrealización del mismo.
Lo que se da en verdad como el objeto práctico global de una
sociedad humana no es el objeto práctico abstractamente
posible sino un objeto global de presencia configurada en
cuya definición se plasma especularmente lo mismo la individualidad o identidad concreta del sujeto en una determinada
coyuntura histórica que el conflicto actual en que se está
dirimiendo la misma.

Habíamos indicado que no existe en realidad algo a lo que
pudiéramos llamar el código universal del comportamiento
reproductivo de la vida humana. Así como Saussure decía que
lo que hay en verdad no es la lengua en general sino las distintas lenguas —las lenguas naturales, fundamentalmente—,
y como veíamos —siguiendo a Coseriu— que el código sólo
existe en realidad como código "normado", asimismo se puede decir también que la estructura del proceso de reproducción social no existe en general sino siempre en las distintas
estructuraciones concretas de su realización efectiva.

El ser humano genérico, que trabaja con medios de
producción de una base tecnológica general, que produce/
consume un determinado repertorio de objetos humanos con
una forma en cada caso genérica —como la forma alimento,
la forma habitación, etcétera— no existe nunca como tal sino
sólo dentro de relaciones de reciprocidad que, al compro-
meterlo de una cierta manera consigo mismo, lo delimitan
y encierran en una constelación singular de posibilidades y

hacen así que también el mundo de sus objetos se configure precisando y multiplicando sus formas de acuerdo a esa constelación. Lo que existe en la realidad son múltiples versiones concretas del proceso de reproducción social —cada una dotada de un código sometido siempre a un proceso singular de "normación"— que corresponden a otras tantas humanidades posibles. El código de lo humano es siempre un código que se identifica o singulariza en un historia concreta.

No existió ninguna sociedad anterior a Babel que hubiese sido dueña de una lengua originaria universal. El mito bíblico, como suelen hacer los mitos, cuenta una historia real, pero al revés. Narra el fracaso de la utopía de la universalidad humana como una construcción hecha por el propio ser humano a partir de la pluralidad originaria. La lengua humana en general, el código lingüístico pre-babélico es una construcción ideal de los estudiosos, hecha a partir de lo que ellos perciben como coincidencias entre las múltiples lenguas naturales realmente habladas o existentes.

Con esto hacemos referencia al hecho de las diferencias que hay en el modo de ser humano, a la presencia del número infinito de humanidades que constituyen a la humanidad. Hay una unidad de la cultura humana no a pesar sino en virtud de la diversidad de las culturas humanas, dice Lévi-Strauss, en la línea de pensamiento iniciada por Wilhelm von Humboldt. Hay una unidad en lo que respecta a la condición fundamental del proceso de reproducción propiamente social: la libertad. Somos seres humanos en la medida en que cumplimos nuestro proceso de reproducción bajo esa condición. Pero para ser humanos tenemos que serlo de manera diferente, puesto que sólo lo podemos ser de manera concreta, es decir, en un juego de reciprocidades que no puede sino singularizarnos, individualizarnos o identificarnos siempre bajo otra forma, siempre —incluso y sobre todo cuando somos fieles a una *Verabredung* histórica— en una nueva metamorfosis.

Al hablar de la socialidad es preciso insistir en que no se trata solamente de una red de relaciones sociales de convivencia, sino de una red que se está constituyendo y configurando en un proceso de concretización determinado; que es una red dotada de una "mismidad", individualidad o identidad dinámica. Es esta red siempre cambiante la que tiene su correlato en el dinamismo de las formas de los objetos, y por lo tanto también en la historia del campo instrumental o código comunicativo.

Es comprensible, por lo tanto, que sean innumerables las maneras peculiares de producir el alimento, de talar los bosques, de convivir con los animales, de dirigir las corrientes del agua, de preparar la tierra, de tratar con el mar; todas ellas obedecerían a compromisos largamente duraderos entre un cierto sujeto consumidor presente y un sujeto productor correspondiente en el pasado, compromisos que permanecen a lo largo de complejas relaciones históricas de fidelidad y desobediencia hacia él. Es comprensible también que sean innumerables las identidades, las subcodificaciones del código del comportamiento humano, puesto que ellas son precisamente las que sintetizan el conjunto esencial de esos compromisos que hacen de ella una identidad o una subcodificación concreta.

¿Pero no hay algún aspecto de las infinitas subcodificaciones del código del comportamiento humano que sea común a todas las comunidades humanas que puede conocer la antropología y que permita generalizar y hablar de algo así como una "esencia humana"? Acerquémonos un poco a este problema.

Entre el significado y el significante no existe ninguna conexión necesaria previa al hecho semiótico mismo, afirma Saussure; ninguna característica en el material que va a servir de significante lo predestina a ser el significante de un determinado significado. El concepto que le corresponde como significado al significante "mesa" no está prefigurado naturalmente en éste de ninguna manera; los sonidos que nos permiten entender que de lo que se habla es de una mesa no están sugeridos de ningún modo por el significado "mesa". Hay una clara arbitrariedad en el hecho de que sean esos sonidos y no otros los que estén componiendo al significante de ese significado. La fusión de ambos no obedece a ninguna necesidad anterior a esa misma fusión. Los sonidos que se eligen para expresar determinados contenidos no tienen nada que ver con esos contenidos.

La idea saussuriana de la "arbitrariedad del signo" ha sido cuestionada a lo largo de la historia de la lingüística estructural, sobre todo cuando los principios de esta ciencia han sido aplicados a la investigación antropológica. Se ha insistido, sobre todo, comenzando por Lévi-Strauss y Jakobson, en la observación de que, si bien en un sentido inmediato cada uno de los significantes no es "onomatopéyico" respecto de su significado, que si bien efectivamente una expresión es arbitrariamente elegida dentro de cada universo semiótico natural para dar cuenta de un determinado contenido o material conceptual, sin embargo, desde otra perspectiva, esos universos semióticos naturales tienden a preferir determinadas formas perceptibles, incluidas las formas fonéticas, y a rechazar otras, así como también a preferir determinados aspectos del contenido imperceptible, del material conceptual, y a rechazar otros, todo ello espontáneamente. Es un hecho que vendría a documentar una situación paradójica, la existencia de una necesidad en la arbitrariedad; sugeriría que, por debajo de la ausencia de conexión previa entre los significantes y los significados, puede sospecharse un cierto nexo necesario, una afinidad primigenia que articula la esfera de la expresión y la esfera del contenido de cada uno de los universos semióticos naturales.

Investigaciones como la de André Leroi-Gourhan sobre el origen del lenguaje y de los sistemas semióticos en general llegan a la conclusión de que en el código del comportamiento comunicativo de las sociedades queda la marca de lo que podría llamarse el "*schock* de la hominización", la *Aufhebung* de la animalidad o el inicio de la transnaturalización del ser humano.

El surgimiento del "animal político" implica sin duda un desgarramiento, una separación traumática del modo de ser que habrá de volverse humano respecto del modo de ser puramente natural. El paso de la animalidad pura a la animalidad intervenida por el impacto que tiene sobre ella la dinámica autónoma de la reproducción de la socialidad —el paso a la *animalitas* humana como determinada por la "eksistencia", según Martin Heidegger— es un paso violento en el que la forma singular del animal deviene en substancia de la nueva forma, la forma humana que se vuelca sobre ella, y en el que, al mismo tiempo, esta nueva forma debe retener en sí misma elementos de la forma anterior puesto que es una "negación determinada" de ella. La politicidad del ser humano trasciende la naturalidad del ser animal, pero lo hace "dialécticamente", conservándola a través de su transformación, manteniendo la contradicción con ella. Un nexo profundo, fundamental, conecta conflictivamente al ser humano con el episodio singular en el que se constituyó como tal; una toma de distancia que es a la vez un compromiso con el tipo peculiar de animal que hubiera podido seguir siendo, con las aptitudes y las necesidades de su cuerpo, con el programa de vida y la estrategia de supervivencia inscritos como "identidad natural" en este cuerpo.

El hecho de que el ser humano es un animal transnaturalizado y no una creación *ex nihilo* sería, así, la razón de que la simbolización elemental del código del comportamiento humano —y por tanto también de la lengua humana, de aquello que convierte lo indecible en decible— no sea arbitraria en su fundamento, de que siga una necesidad profunda, difusa pero imborrable; en resumen, de que la esfera de la expresión no sea absolutamente ajena a la esfera del contenido. En el nivel más profundo, la articulación entre ambas esferas no es completamente aleatoria, hay una "proto-necesidad" que las atrae una a otra; una necesidad pre-semiótica, orgánica, instintiva, que no es anulada por la otra necesidad que viene en lugar de ella, puesta por la semiosis humana, sino sólo refuncionalizada, aunque lo sea radicalmente. La animalidad, modo de ser de un determinado organismo en medio de la naturaleza, implica en cada caso una determinada estrategia de supervivencia; es una estrategia que permanece en calidad de "superada" en el código de la comunicación social y que trae el recuerdo activo de las condiciones naturales específicas, lo mismo del cuerpo que del territorio, que prevalecían en la "escena originaria" de su refuncionalización.[1]

---

[1] Para ilustrar la arbitrariedad del signo se suele recurrir al ejemplo de Saussure, es decir, a la manera en que las distintas lenguas segmentan la gama de colores, delimitan las fronteras entre los colores que la componen. Determinados colores que están en el límite entre el azul y el verde son llamados verde en una lengua, azul en otra. Es un ejemplo que ilustra también la diversidad de las lenguas naturales. Hay una determinado criterio de valoración global del mundo que difiere cuando se pasa de una lengua

Según esta idea de una "necesidad de la arbitrariedad" en la forma social, habría en el origen tantas identidades humanas como episodios de "hominización neolítica", tantas formas de inaugurar el comportamiento en libertad como

a otra. Una lengua natural que llama "verde" a un cierto objeto percibido valorará también los demás objetos de su percepción de manera diferente a otra que a ese mismo objeto lo califique de "azul". Pero esta arbitrariedad del signo y, por extensión, de la lengua que lo define es una arbitrariedad ella misma necesaria; obedece a la concreción del proceso que genera esa definición, es decir, a la concreción de la historia de esa lengua.

A su vez, para mostrar que esa arbitrariedad que singulariza a toda lengua natural responde a la necesidad de una historia concreta, se suele tomar a manera de ejemplo una significación común y corriente en la vida cotidiana, la de "cometer un error". Cuando entramos por una puerta queriendo en realidad entrar por otra podemos observar que, sin quererlo, lo expresamos (y hacemos) de distinta manera si lo decimos en inglés, en español, en alemán o en francés. En la mención del hecho aparecen, en cada caso, las siguientes oposiciones: *wrong-right*, estar equivocado-estar bien, *falsh-richtig*, *se tromper-aller bien*; oposiciones en las que, para el primer término, predominan, respectivamente, las significaciones: "*mistake*", "equivocar", "*irrtum*", "*tromper*". En inglés la significación "*mistake*" tiene su origen en una experiencia técnica, la de emplear una cosa en lugar de otra. En castellano, la significación "equivocar" sale de la experiencia del estar confundido en el habla y tomar dos palabras diferentes por iguales. En alemán, la significación "*irrtum*" proviene de una experiencia en la que el error está cargado del sentido moral de culpa. En el francés, la experiencia modelo de la significación "*être trompé*" está en cambio en el mercado, donde uno suele ser víctima de engaños.

Se observa, entonces, que este hecho de que al decir "lo mismo" en diferentes idiomas se dice sin embargo también "otra cosa" —porque las distintas palabras salen de universos de significación organizados cada uno de manera diferente y de los que ellas reciben un aura connotativa diferente— sólo puede explicarse si la causa de esa diferencia de universos está en el contenido del "drama" que compromete a los hablantes de cada uno de esos distintos idiomas y que da concreción a sus vidas, en la historia singular de esta concreción y en el episodio de esa historia en el que ella se juega a sí misma actualmente.

escenas singulares del "salto cualitativo" a la politización de
lo animal, a la apertura del universo semiótico.

Cabe recordar aquí la teoría de Wilhelm von Humboldt
acerca de las diferentes "visiones del mundo" que serían inhe-
rentes a las distintas lenguas naturales, en la que el concepto
romántico de "*Weltanschauung*" (para el que una visión es
una "vivencia") hace referencia a una experiencia global del
mundo, a toda una actitud ante el cosmos y ante la humanidad que estaría viva en la consistencia misma de cada
lengua. Se trata de una teoría que tiene, entre otros, el mé-
rito de plantear una contradicción, aquella a la que llega la
investigación lingüística comparada cuando, por un lado,
reconoce esta diversidad irreductible de cada una de las lenguas naturales y, por otro, descubre, sin embargo, que todas
ellas poseen una estructura profunda que es idéntica y que
permite hablar de la existencia posible de una sola lengua
general para el género humano.

Intentemos replantear esta contradicción a la luz de lo
que hemos venido viendo.

La sexuación, la funcionalización y diferenciación bi-
polar (masculino/femenino) de los miembros de la especie
como "método" de procreación y reproducción de la misma
sería seguramente, junto con otras mutaciones básicas como,
por ejemplo, la subordinación de todos los sentidos al de la
vista, una "elección" que habría que ubicar en la "historia"
del fundamento animal de lo humano. No así, en cambio,
la que definió esa polaridad masculino/femenino particula-
rizándola como una relación de conflicto y complementariedad dentro de una pareja bisexual, la pareja constituida
por lo masculino identificado como hombre-Guerrero y lo
femenino identificado como mujer-Madre. En todos los casos de las muy variadas figuras que el ser humano ha dado a

esta oposición entre el Protector proveedor y la Procreadora administradora, se trata siempre de una elección civilizatoria del mismo orden que el de la elección que particularizó a las sociedades humanas como sociedades "del arroz", "del maíz", "del trigo", etcétera, y el de otras similares que tienen que ver con las funciones más esenciales de la vida humana. Todas ellas son opciones civilizatorias que, si bien no implican la constitución de una "esencia humana", sí marcan el inicio de un compromiso o una "*Verabredung*" histórica de "muy larga duración"; que son capaces de trazar los rasgos generales de una identidad o individualidad concreta; son las "elecciones civilizatorias" que marcan el inicio de la "historia de la escasez" —como la llamó Jean-Paul Sartre— y entregan con ello el esbozo del ser humano "productivista".

Habíamos visto, siguiendo a Jakobson, que el proceso de comunicación está constituido por la síntesis de una multiplicidad de funciones comunicativas. Jakobson reconoce que la función referencial, es decir (en el paralelo con el esquema de Marx), la función que corresponde en la reproducción social a la transformación apropiativa de la naturaleza —a la fase puramente productiva— es la función predominante.

Para el sujeto como puro sujeto de la necesidad (*besoin*) lo Otro será siempre "escaso". Necesitado, por ejemplo —como lo señalaba Miguel de Unamuno—, de "perseverar en su ser", de ser inmortal, las condiciones de la vida terrenal —es decir, lo Otro— serán para él sin duda absolutamente "escasas". Para el sujeto del sistema combinado de capacidades y necesidades, la situación es en cambio diferente; "escaso" resulta para él sólo lo Otro que podría/debería estar ahí y no lo está, lo Otro que corresponde al horizonte de posibilidades de vida desde el cual y para el cual una comunidad humana devino lo que es —lo Otro que "no respeta" el pacto de intercambio por el que recibe sacrificio si otorga supervivencia.

Por lo que conocemos de la historia, la vida humana de todo el periodo llamado "neolítico" ha construido las formas concretas de su proceso de reproducción social en torno a una interacción dialéctica determinante, la que se da entre la propuesta y defensa de esas formas y la reacción de lo Otro percibida antropomórficamente como "resistencia". Las condiciones para esa reproducción han sido experimentadas, así, siempre como "escasas"; el cumplimiento de su proceso se ha topado siempre con un obstáculo primero y fundamental, el de la dificultad, en principio superable, de lograr producir efectivamente los productos que el sujeto social necesita para satisfacerse y sobrevivir.

Ahora que las otras sociedades terminan de extinguirse, barridas por la marcha arrolladora de la modernidad, las que sí nos son conocidas y que han seguido de un modo u otro, con mayor o menor "éxito", la línea del progreso, se nos revelan como sociedades que eligieron subordinar el conjunto de su actividad vital a la fase productiva de la misma; sociedades que se han hecho a sí mismas concentrándose obsesivamente en el momento de la consecución del producto, en la lucha violenta contra la prepotencia de lo Otro (la "Naturaleza") y en la acumulación del "excedente" indispensable, en la administración de las condiciones de supervivencia. Son sociedades referencialistas o contextualistas, cuyo lenguaje tiende a hacer que todas las funciones del proceso comunicativo giren en torno a aquella función que acompaña al otear en el paisaje la presa ambicionada, aquella gracias a la cual los interlocutores, el productor y el consumidor se apropian del referente convirtiéndolo en información: la función cognitiva.

El esbozo productivista o referencialista que está en la base de la identidad de las sociedades neolíticas —mismo, hay que indicar de paso, que no ha sido borrado sino más bien subrayado por la modernidad— ha tenido por supuesto innumerables realizaciones finales, ha dado lugar a incontables configuraciones de la vida en las que las otras funciones reproductivas o comunicativas han organizado su sometimiento y su resistencia al predominio de la función productiva-referencial de las maneras más variadas. Son realizaciones y configuraciones que van desde aquellas que destacan ese esbozo en su pureza, como por ejemplo la que presenta en una comunidad puritana del siglo XVII, enemiga acérrima de todo disfrute, hasta otras que lo ocultan haciéndolo parecer lo contrario de sí mismo, como por ejemplo la que adopta en las grandes civilizaciones despóticas, donde, a través del gasto improductivo, del *gaspillage* festivo del que hablaba Georges Bataille, el cálculo se trasviste en afectividad, el sacrificio en disfrute.

Sólo en la era o la historia de la escasez la necesidad de una singularidad concreta para la codificación del comportamiento humano implica el hecho de que la pluralidad de configuraciones del cosmos y, por tanto, de experiencias y "visiones del mundo" deba ser una pluralidad de afirmaciones cada una excluyente de las otras, en permanente enfrentamiento hostil con ellas. En efecto, dada la impotencia en que está para fomentar orgánicamente el momento autocrítico de su semiosis —puesto que ello la debilitaría en su guerra a muerte con lo Otro (con la "Naturaleza")—, cada comunidad lo reprime en la medida de lo posible, pues se trata de un momento que le plantea su posibilidad de "ser otra". Al hacerlo, reprime también, consecuentemente, toda competencia real y efectiva, toda convivencia polémica con los otros reales, con las otras comunidades y sus "identidades alternativas".

En las condiciones de escasez, toda comunidad tiene que absolutizar su propia modalidad de lo humano y afirmarla, si no como la única, sí como la mejor de las posibles, como la única modalidad actualmente adecuada. Ninguna puede relativizar la consistencia de su mundo hasta tenerlo por una versión más, en competencia con otros. No hay versión del código de lo humano que pueda reconocer como equiparables a ella a las otras versiones; ninguna puede aceptar que otras también pueden hacer lo que ella está haciendo.[2]

Esta oposición básica entre "lo propio" o "lo humano", por un lado, y "lo bárbaro" (para insistir en la terminología aún vigente de la antigüedad griega), por otro, es constitutiva de todas las subcodificaciones del comportamiento humano en la historia de la escasez. Todas las sociedades de esta era consideran bárbaros a aquellos que no saben moverse con espontaneidad bajo el código de aquéllas; los tienen, de alguna manera, como humanos de segundo orden, cuasi animales, que aún no se han desprendido del todo de la naturaleza. Para la sociedad que protege ante lo Otro la integridad de su configuración de lo humano y la defiende de los otros, las otras humanidades son, a lo mucho, sólo aproximaciones a ella: defectuosas, no acabadas.

El productivismo, este compromiso profundo que ha atado y sigue atando al ser humano con sus orígenes, le ha

---

[2] Cada quien parece enclaustrado definitivamente en el cosmos al que le abre su propio código. El aprendizaje de un código ajeno dejará a éste siempre en calidad de préstamo; la apertura a su cosmos tendrá que ser de segundo grado, mediada por la lengua natural propia. La única entrada a un universalismo concreto parece ser aquella fugaz y vertiginosa que tiene lugar cuando, por alguna razón, en un momento de crisis radical de la pertenencia al código propio, estamos en el salto que nos lleva a intentar asomarnos al cosmos abierto por otro código, por otra perspectiva de mundo.

entregado así, a lo largo de la historia, un grado mínimo de identificación o individualización concreta para su vida tanto colectiva como privada. Se trata, como vemos, de un principio de concreción ambivalente que ha sido el origen —tanto en lo íntimo como en lo colectivo— lo mismo de creaciones que de aniquilaciones, de liberaciones que de represiones. Mil veces cuestionado, mil veces restaurado, debió haber caducado con el desarrollo de la modernidad, de la civilización de la abundancia y la emancipación. En lugar de ello, sin embargo, y en contra de las posibilidades reales, ha sido ratificado en su lugar fundamental por una versión de la modernidad que parte de la reproducción artificial de la escasez: la modernidad capitalista.

El plano más básico de la cultura ha consistido, durante todo este tiempo, en el cultivo de ese compromiso con el pasado arcaico resultante de la relación "en escasez" con lo Otro; en la reposición, renovada siempre en medio del conflicto, de ese principio de concretización.

Intentaremos, ahora sí, en la próxima lección, definir en qué consiste esa cultura.

Bibliografía

Bataille, Georges, *La part maudite,* Minuit, París, 1967. (Trad. esp.: *La parte maldita,* Hispanoamérica, Barcelona, 1974.)

Benjamin, Walter, *Über den Begriff der Geschichte*, en *Illuminationen* [1940], Suhrkamp, Frankfurt a. M., 1977. (Trad. esp.: *Tesis sobre la historia y otros fragmentos*, Itaca-Universidad Autónoma de la Ciudad de México, México, 2008.)

Coseriu, Eugenio, *Sincronía, diacronía e historia*, Gredos, Madrid, 1973.

Freud, Sigmund, *Abriss der Psychoanalyse*, en *Internationale Zeitschrift für Psychoanalyse und Imago*, vol. XXV, 1940. (Trad. esp.: *Esquema del psicoanálisis*, Paidós, México, 1991.)

Horkheimer, Max, *Eclipse of Reason*, Oxford University Press, Oxford, 1947. (Trad. esp.: *Crítica de la razón instrumental*, Sur, Buenos Aires, 1973.)

Humboldt, Wilhelm von, *Uber den Nationalen Charakter der Sprachen*, en *Bildung und Sprache*, Schoning, Padeborn, 1959. (Trad. esp.: *Sobre la diversidad de la estructura del lenguaje humano y su influencia sobre el desarrollo espiritual de la humanidad*, Ministerio de Educación y Ciencia, Madrid; Anthropos, Barcelona, 1990.)

Leroi-Gourhan, André, *Le geste et la parole*, Albin Michel, París, 1964. (Trad. esp.: *El gesto y la palabra*, Universidad Central de Venezuela, Caracas, 1971.)

Roheim, Géza, *Psychoanalysis and Anthropology*, International University Press, Nueva York, 1947. (Trad. esp.: *Psicoanálisis y antropología*, Sudamericana, Buenos Aires, 1973.)

Sartre, Jean-Paul, *Critique de la raison dialectique*, Gallimard, París, 1960. (Trad. esp.: *Crítica de la razón dialéctica*, Losada, Buenos Aires, 1963.)

Digresión 1

TRANSNATURALIZACIÓN

VOLVAMOS SOBRE una cuestión que hemos tratado ya anteriormente: ¿en qué consiste y cuál es el origen de la singularidad "natural" de las innumerables versiones de lo humano?

La pluralidad de las versiones de lo humano viene de la tendencia a singularizarse propia de un proceso que es necesariamente concreto, es decir, creador de compromisos en reciprocidad y al que, por lo tanto, le es inherente la propensión sin límite a conformar juegos de reciprocidad. Cada propuesta de concreción, cada compromiso en reciprocidad es —exagerando a la manera romántica— el germen de toda una versión de humanidad. En verdad, sólo la vigencia de principios de concreción mayores y más duraderos, principios de concreción "naturales", ha puesto obstáculos a la multiplicación desatada de intentos de autoafirmación absolutizadora, fundadora de una humanidad más, por parte de los brotes de concreción a los que tiende de por sí el comportamiento humano. ¿Cómo debe entenderse la idea de una "naturalidad" en la concreción innumerable del código del comportamiento humano?

Habíamos planteado que, en principio, todo material de expresión es útil para la manifestación de un determinado contenido y que, en esa medida, la peculiaridad de un conjunto de esas asociaciones contenido/expresión, incluso del mayor de ellos, el de una determinada forma de lo humano, sería también arbitraria. El que, en un código social determinado, un contenido se conecte con un significante y no con otro es un hecho arbitrario, decíamos en una primera aproximación. Pero señalamos también, en una segunda aproximación, que esa arbitrariedad en principio se cumplía de hecho en obediencia a un cierto sentido, a una cierta necesidad; que la afinidad "artificial" entre una determinada constelación de significados y una determinada constelación de significantes mostraba fuertes rasgos de "naturalidad". Decíamos además que esa afinidad parece obedecer a la pervivencia de lo que habría que suponerse como la experiencia del "primer momento" o el "*big bang*" de la historia del proceso de reproducción social, esto es, del momento en que se constituye lo social como tal, cuando un determinado animal se ve expulsado del "paraíso terrenal de la animalidad" y obligado a existir como ser humano, esto es, en situación de improvisar, de crear, de repetir modificando las formas de existencia de su socialidad.

El acontecimiento de este salto cualitativo, transnaturalizador, desde lo animal hacia lo humano no puede menos que estar determinado por el trasfondo natural a partir del cual tiene lugar. Las características del territorio, es decir, del cuerpo exterior, y las del cuerpo propio del animal humano parecen ser el material particular que deja su marca en el resultado de ese salto que las transnaturaliza y que es la base natural de la singularidad concreta de una comunidad determinada. Hay que suponer una "forma" proto-humana, un "material" que habrá de convertirse en la substancia —empleando la terminología de Hjelmslev— que esté siendo formada en la forma específicamente humana del proceso de la reproducción social.

Podría decirse, a grandes rasgos, que la forma humana del proceso de reproducción animal implica el aparecimiento de una gran ruptura de la armonía de ese mismo proceso en su forma "normal" o natural. Visto desde la perspectiva de lo animal, lo humano, lo social, introduce una "deformación", una clara "perversión" en el cumplimiento de las funciones vitales. Recordemos que Friedrich Nietzsche hablaba del ser humano como de un "animal enfermo". En efecto, todas las funciones que cumple el animal las cumple también el hombre, pero lo hace de una manera completamente extraña, distorsionada; para éste, la ejecución de esas funciones no tiene un fin en sí misma sino que sólo es el vehículo de la realización de un *télos* meta-animal (metafísico), el de la (re)producción de una figura concreta para su socialidad.

Sólo bajo el efecto de una mirada antropomorfizadora podría hablarse de una diferencia posible (pero nunca real) entre código y uso o entre lengua y habla en el proceso de comunicación puramente animal. En verdad, esta diferencia implica la posibilidad de una discontinuidad entre lo estipulado en el código y lo ejecutado en el uso que sería insoportable para el animal pues sería la comprobación del desvanecimiento del paraíso en el que habita, de la desaparición de la pertenencia sin fisuras de su comportamiento al proceso del devenir universal. La "monstruosidad" fundamental —lo "radicalmente malo" de lo que hablaba Kant— que introduce el mundo de lo humano en ese devenir consiste en esa ruptura o *décalage* —que es el lugar de la libertad— entre lo estipulado y su ejecución; consiste en la anulación ("nadificación") del paraíso de la animalidad. "Ser como Dios", trascender la naturalidad, hacer de ella apenas la plataforma de partida de otra necesidad —una necesidad contingente, artificial—: esta es la "*hybris*" de lo humano, su "pecado original".

La "necesidad contingente" que mantiene toda la arquitectura del mundo humano es la que se funda en la relación intersubjetiva de reciprocidad, en la relación que pone al descubierto la singularidad o individualidad del ser en el mismo acto en que lo convierte en un ser concreto; relación, por lo demás, que lo mismo puede ser la que mantiene el sujeto social —trátese del sujeto global o del sujeto elemental, "atómico"— consigo mismo en el futuro para reproducir el compromiso con una cierta forma singular o individual de socialidad, que la relación íntima que mantiene fugazmente un "ejemplar" del género humano con otro para encender el compromiso que los identificaría a ambos en una determinada apertura hacia lo Otro.

La individualidad de cualquier miembro elemental o "atómico" de un animal gregario es una individualidad abstracta, es decir, la de un ejemplar de su especie que se acopla con todos los demás sin que su coexistencia armónica con ellos se vea interferida por ningún otro principio de acercamiento que no esté ya estipulado en el código genético. Este concierto magnífico de líneas de comportamiento individuales que aunque se entrecrucen jamás se tocan es el que viene a ser perturbado esencialmente con el aparecimiento de la individualidad concreta. Transnaturalizada, la individualidad gregaria se desvanece junto con su "inocencia". El ser único o singular se reconstruye y ratifica, pero en tanto que es re-posicionado como tal en un juego de reciprocidades con el ser igualmente único o singular de los otros, en una red de relaciones de interioridad que la convierte en una individualidad concreta, humana.

La forma social impone al funcionamiento del proceso de reproducción animal metas que éste antes no tenía. Le impone, por lo tanto, maneras de realización que él nunca pudo conocer. Habrá así formas del producto, modos del proceso de producción, reconfiguraciones del sistema de las necesidades, etcétera, que sólo pueden aparecer una vez que el proceso de reproducción animal ha pasado a servir de substancia a ese otro tipo de proceso de reproducción que es el humano o social. Las metas por las que éste se rige son absolutamente extrañas, totalmente extravagantes —"monstruosas"— desde la perspectiva del animal, el cual se encuentra inmerso en el dinamismo armónico del movimiento físico universal.

Para Saussure, la lengua, es decir, el código, es una institución colectiva, propia de la comunidad en su conjunto. El habla, en cambio, el uso del código como realización efectiva de las posibilidades de composición de significaciones, es un hecho privado, propio de cada miembro del conjunto comunitario. Pues bien, un "habla" global del sujeto social, este hecho desde todo punto de vista inconcebible en el mundo de lo humano, es lo propio del mundo animal. En éste, cada una de las efectuaciones individuales del código es sólo un ejemplo singular de ejecución directa y "fiel" de las normas que están impresas en la consistencia biológica, instintiva, de cada uno de los ejemplares de una especie. El código del animal no es un código exteriorizado como institución sino integrado en esa consistencia y, en esa medida, absoluto.

Sólo tratándose de la comunicación humana podemos hablar de un código que exige del sujeto una toma de distancia frente a él, es decir, que se pone ante el sujeto como una oportunidad de componer varias significaciones concurrentes y, por tanto, también como una obligación de elegir entre ellas; de un código que permite, por tanto, que el sujeto lo ponga a prueba en una apertura no sólo nueva, sino inédita al contexto. Porque lo propio de la comunicación humana está precisamente en que cada uno de sus actos implica un nuevo episodio de la experiencia del referente; un episodio por ello singular, irrepetible, individual, que sólo puede darse como un hecho privado, es decir, propio de

cada uno de los actos comunicativos. Junto con la humanización o transnaturalización del código, y justamente con
la instauración de un habla o uso que trascienden la mera
ejecución natural del código, aparece, así, la necesidad de una
individuación concreta del sujeto de la comunicación —de
la pareja de interproductores o interlocutores de la misma.

De todos los fenómenos que revelan la transnaturalización o semiotización del proceso comunicativo, el más
característico, el que muestra de manera más contundente
la diferencia ontológica entre el ser humano y el ser animal
parece estar en la posibilidad que ella abre de que el comportamiento de cualquiera de los "ejemplares" que conforman
la comunidad humana replique el comportamiento global
de ésta como sujeto humano. Este elemento último e indivisible, "atómico", de la comunidad humana se comporta
como el sujeto de la autorrealización en la medida en que, a
lo largo del tiempo, él también es un individuo que cambia
para devenir el que es, que es el mismo siendo otro, que se
afirma como un yo cuya consistencia está en la fidelidad a
un compromiso consigo mismo, y que sólo existe, sin embargo, en la alteración de sí mismo.

La función fundamental del proceso de reproducción
social es la autotransformación del sujeto social, la reproducción de la forma que identifica a su socialidad; función
que gira en torno a la coincidencia de dos acciones, la una
propositiva, del momento productor o emisor, y la otra de
aceptación, del momento consumidor o receptor; una coincidencia que individualiza necesariamente, que establece lazos
singulares o irrepetibles de reciprocidad entre el uno y el
otro.

En el sujeto social, como sujeto de su propia intimidad,
hay un desdoblamiento de sí mismo y un flujo comunicativo

interno, una producción/consumo de significaciones entre él en un momento o una situación dados, y "él mismo" en un momento posterior o en una situación diferente; tiene lugar, pues, el envío de una intención —nacida de la experiencia en el mundo— de devenir otro, un envío cuyo destinatario es él mismo.[1]

En este curioso proceso comunicativo el elemento "contacto" está dado por la permanencia del portador del yo, esto es, por la integridad del cuerpo animal o substancia de la identidad. La tensión comunicativa tiene así por vehículo un contacto evanescente que se caracteriza por pasar inadvertido —pues entre el sujeto hoy o aquí y el sujeto después o en otra parte no parece haber distancia alguna—; es decir, tiene lugar sobre un "vacío" aparente que deja solo al código, desprotegido, como única mediación entre el sujeto que propone y el sujeto que acepta la ratificación o alteración de la identidad o del yo. La inmediatez del conflicto entre las necesidades expresivas del sujeto emisor y la maleabilidad del sujeto receptor al llamado, a la conación que las acompaña, ponen así constantemente a prueba la simbolización elemental propuesta por el código, llevan a éste hasta el borde de su capacidad de sostener a la semiosis.

Ésta es la razón de que no haya ningún otro tipo de acto comunicativo que se preste mejor para ser dominado por la función metasémica o metalingüística que el de la comunicación inmediata del sujeto elemental o "indivisible"

[1] Continuidad y discontinuidad, dos caras del asunto: a) el sujeto global o unificado de los dos momentos o dos situaciones —la emisión y la recepción— es el mismo antes y después del acto comunicativo, pero también, y gracias a él, es otro; b) el sujeto es uno como emisor y otro como receptor, pero es el mismo en tanto que unificado precisamente por el hecho comunicativo.

consigo mismo. En principio, cada uno de estos actos, como experiencia que es de la novedad del referente, de lo Otro, puede convertirse en una puesta en crisis de la capacidad simbolizadora del código, en un lugar puntual del conflicto entre el proyecto de cosmos que él impone y la rebeldía del caos al que intenta dar forma, entre la propuesta de decibilidad para lo indecible que trae la lengua y la reticencia a ella de parte de lo indecible.

El comportamiento individual real se caracteriza por desenvolverse a manera de solución de emergencia al choque entre dos pautas que lo requieren y que son contradictorias entre sí: la que viene de la forma y el código, en un nivel o escenario, y la que viene de la substancia y lo innominado, en otro escenario diferente: la pauta de "lo consciente" y la de "lo inconsciente". Esta dualidad de estrato —consciente/inconsciente— en el comportamiento cotidiano sería así el colmo que resumiría ante el animal la "perversión" del comportamiento transnaturalizado del ser humano.

Para describir el comportamiento de un sujeto humano individual, decía Sigmund Freud, no es suficiente relatar este comportamiento como una actividad que es transparente a sí misma. El comportamiento cotidiano "normal" de este sujeto es constitutivamente conflictivo: está siendo visitado siempre por el esbozo de otro comportamiento que existe junto y por debajo de él y que se distingue y disiente de él radicalmente. Habría un comportamiento virtual y soterrado que sólo se hace presente a través de determinados síntomas a los que Freud llama *Fehlleistungen*, equivocaciones, actos fallidos o lapsus. La actuación del sujeto individual es un proceder que marcha junto con su voluntad, con su conciencia, y que al mismo tiempo está siendo permanentemente desviado y modificado de alguna manera por lo que podría llamarse un esbozo de proceder alternativo. El comportamiento virtual o inconsciente va desquiciando, distorsionando intermitentemente la marcha del comportamiento real y consciente.

De una parte, existe la presencia del código de las normas establecidas de comportamiento, la presencia de lo que Freud llama un "super-yo". El sujeto individual se comporta de acuerdo a cómo está socialmente prescrito y establecido que debe hacerlo. Su comportamiento es realizado y juzgado de acuerdo a esta perspectiva del cumplimiento de la norma, del código. Pero, por otro lado, hay un determinado conjunto de pulsiones, un cierto material animal informe que intenta determinar también la actividad del sujeto y que obviamente empuja en direcciones completamente desquiciantes.

Es la presencia del "ello", de una fuente de alguna manera "demoniaca" de la que procede una serie de impulsos que no hallan manera de disolverse o de encauzarse, que no encuentran lugar dentro de las disposiciones o las posibilidades que marca el código para el comportamiento del sujeto. Es el "ello", entonces, el que está haciéndose presente para desquiciar el comportamiento del sujeto individual que se rige por las normas del super-yo. El "ello" es la causa de que el sujeto se equivoque, entre en lapsus, tenga actos fallidos; de que cuando intenta hacer una cosa haga otra distinta o de que ejecute actos "involuntarios". Es la causa de ese intento de comportamiento alternativo que, desde el escenario de lo manifiesto y bien comportado, resulta ser un intento completamente fuera de lugar, "loco". Se diría, entonces, que el sujeto como "yo" efectivo está siempre determinado por el conflicto entre estos dos niveles de su comportamiento, y que él mismo consiste en el compromiso más o menos

estable entre el "yo" ideal, impecablemente obediente de lo
dispuesto por el "super-yo", y ese "otro yo" de consistencia
"polimorfa", insinuado como resistencia y rebeldía contra
el primer "yo". El comportamiento real "normal", como
resultado que es de este compromiso, dispone, así, de esas
"válvulas" ya no sólo "de advertencia" —como los sueños—,
sino de verdadera "descarga", que serían los "actos fallidos",
mediante las cuales el inconsciente puede desfogar sus exce-
sos de rebeldía.

Para que el proceso de vida animal se convierta en humano una serie de elementos productivo-consuntivos de
su existencia deben sufrir un proceso de represión. Ciertos modos de comportamiento del animal estrictamente
reglamentados por su código —sean activos o agresivos
frente a la naturaleza, sean receptivos o pasivos frente a
ella— van a dejar de poder ejercerse debido a que la forma
del proceso de reproducción social impone, justamente
para poder afirmarse como tal, la supresión de los mismos. Por otro lado, sin embargo, en virtud de esa misma
conversión, otros elementos del proceso productivo-con-
suntivo animal resultarán especialmente fomentados o so-
bredimensionados.

A la represión y al fomento de ciertos rasgos habría que
añadir todavía un tercer efecto que es el de la sustitución.
Determinadas líneas o vetas de la actividad productivo-consuntiva del sujeto van a poder cumplirse en lugar de otras,
poniéndose como "equivalentes" de ellas; y aún más, ciertas
funciones animales van a ser cumplidas por representación al
cumplirse otras funciones diferentes de ellas que se afirman
como "mejores" que ellas, como "sublimaciones" de ellas.

Digamos, entonces, que el conjunto de funciones pro-
ductivo-consuntivas del sujeto humano está constituido

sobre un substrato animal, pero a través de este peculiar proceso de transnaturalización o "deformación" del mismo: de represión y de fomento, por un lado, y de sustitución y sublimación, por otro, del conjunto de las funciones de su proceso de reproducción.

Consideremos unos cuantos ejemplos de este efecto de represión-fomento-sustitución del ser animal transnaturalizado como ser humano.

La violencia (*bías*) inherente a la transnaturalización, el impacto de lo social "deformando" lo animal del cuerpo humano, los examina Géza Roheim en sus estudios de antropología cultural inspirados en la teoría psicoanalítica de Sigmund Freud. Según él, característica de este animal que se ocupa ante todo en reproducir su socialidad es una infancia exageradamente prolongada en comparación con la "infancia" en el mundo puramente animal. Sólo en el caso de los animales humanos se da el hecho, por ejemplo, de que el recién nacido sea incapaz de mantenerse en vida por sí mismo inmediatamente después de su nacimiento. La inmadurez del fruto del vientre de la madre humana no se encuentra en los otros mamíferos, cuyas crías nacen por lo general con la capacidad de mantenerse en vida casi inmediatamente después del momento del parto. La prolongación de la inmadurez orgánica más allá del nacimiento o fuera del seno materno es, para este autor, un hecho artificial, producido, es decir, provocado y guiado por la propia sociedad.

El proceso de reproducción de los seres humanos ha ido haciendo violencia a la naturaleza hasta ganarle una parte del tiempo de maduración. Su "objetivo": poder imprimir en el organismo, cuando todavía su maleablildad es muy grande, un cierto tipo de código de comportamiento que sólo puede ser usado adecuadamente por un sujeto destinado a la

libertad de elección. En efecto, los animales que nacen ma-
duros están limitados a manejar códigos de una sola articulación; sólo podrán entenderse entre sí mediante el manejo
de señales cada una de ellas significativa por sí misma. Aquel
animal, en cambio, en cuyo aparato instintivo se ha marcado para sus reacciones un horizonte general de posibilidades de realización estará en capacidad de manejar un código
en dos planos de articulación como es el código específico de
la comunicación social, práctica y lingüística. Sólo él podrá
aprender, por lo tanto, a combinar elementos que no son significativos por sí mismos y a construir con ellos totalidades
significativas.

El carácter maleable del sistema unificador de las necesidades y las capacidades se refleja en el medio instrumental,
en el código de la producción/consumo, y despierta en él
una apertura y un dinamismo completamente impensables
en su "existencia anterior", como objetos de uso intermedio
de un "sujeto" animal. La posibilidad de un progreso, de un
crecimiento cuantitativo y un perfeccionamiento cualitativo, lo mismo en las técnicas que en la tecnología (que es el
discurso de aquéllas), contagian al horizonte temporal de la
vida cotidiana de una inestabilidad y una inquietud inéditas; una inconsistencia que se completa o se confunde con
la que proviene de la presencia concurrente de otros tipos y
otras tradiciones de "elección tecnológica" desarrollados en
las otras historias de las otras comunidades concretas.[2]

[2] Hay en el origen muchas posibilidades de desarrollo de la capacidad
productiva, muchas figuras posibles de tecnología. Que en el campo de la
historia real unas "ventajas comparativas" —que hoy resultan dudosas—
hayan impuesto el dominio absoluto de una forma de tecnología o de un
conjunto muy restringido de formas tecnológicas sobre esa gama de posibilidades no contradice el hecho de su posible multiplicidad; el propio

Conectado con lo anterior está el hecho de la supresión-sustitución de muchas de la vías de relación comunicativa que se dan en el mundo animal y que rebasan el esquema de los cinco sentidos consagrado en los sujetos humanos. Son vías que han sido desechadas por ser estorbosas para el logocentrismo y su preferencia por los sentidos de la vista y el oído, pero que existieron seguramente en el material animal sometido al proceso de transnaturalización humana. Estas posibilidades no funcionalizadas en términos sociales permanecen, sin embargo —mal sustituidas o mal sublimadas—, en el proceso de reproducción social como "ruidos" o residuos de animalidad que sólo de manera muy excepcional vuelven a hacerse presentes, pero como "fenómenos" considerados justamente "sobrenaturales".[3]

La relación intersubjetiva concreta está presente como posibilidad en todos los momentos del proceso de producción/consumo, no sólo en los que están mediados por una cosa —un bien/producido o un contacto significativo— ajena o exterior al cuerpo de los interproductores o interlocutores, sino también y de manera especial en los que lo están por una cosa que es el cuerpo mismo de ellos.

Sincronizada necesariamente, por su instinto, con el ritmo en que se suceden las estaciones, la función procreativa

desarrollo del capitalismo se ha dado mediante un juego de fomento y sustitución de distintas formas tecnológicas provenientes no sólo de Europa, sino del mundo entero.

[3] Muchas de estas facultades enterradas del cuerpo humano, vías de relación con la naturaleza y con los otros, que todavía en las sociedades arcaicas fueron recordadas e integradas en sus formas sociales específicas, que fueron respetadas y sangrientamente reprimidas por la Europa cristiana, sólo fueron cauterizadas definitivamente ya muy tarde, cuando el mundo burgués citadino e ilustrado se impuso definitivamente sobre el mundo rural.

de los animales se concentra en un determinado periodo del año; el resto del tiempo les concede la paz de la castidad. Esta sincronización desaparece o disminuye considerablemente en el caso del ser humano; su actividad procreativa se extiende a todo lo largo del año y obedece sólo de manera débil y caprichosa al ritmo de la naturaleza. El ritmo de la procreación humana ha sido instaurado por la sociedad humana misma apoyándose para ello en el ritmo natural. Lo que se manifiesta en esta disincronía es el hecho de la transnaturalización de la sexualidad, de su "deformación" como erotismo.

El carácter concreto de la individuación permite comprender lo peculiar del proceso de reproducción social en su momento básico que es el de la procreación o reposición del número de miembros que conforman la comunidad; una procreación que tiene lugar, en esta comunidad, a través de la repartición natural o biológica de las funciones femenina y masculina —de huésped de la nueva criatura, la una, y de iniciador de la misma, la otra— y de la relación sexual entre los elementos de los dos grupos resultantes de ello.

En el caso de la procreación humana o transnaturalizada la relación sexual entre dos elementos del cuerpo social, el uno macho y el otro hembra, para efectos de la procreación, no deja de ser una relación básicamente animal; pero es una relación que se encuentra subordinada a otra relación, coextensiva a ella, que es de orden propiamente formal, entre dichos elementos como sujetos concretos y que la convierte en una relación propiamente erótica. El atractivo sexual, por ejemplo, se encuentra a tal punto transfigurado o sublimado bajo el efecto de esta relación que aparece como un determinado "encanto" en la presencia de otro como pareja posible.

La sexualidad animal procreativa "reaparece" en el erotismo como substancia suya, como sexualidad humana, es
decir, como una sexualidad en la que el carácter procreativo, la intención productivista, puede incluso llegar a estar
ausente.

En la perspectiva del animal, lo "escandaloso" de la
sexualidad humana estaría en la "perversión" del sentido
del trabajo procreativo, en la conversión de un episodio de
ese trabajo —el de la obediencia al atractivo sexual y el paso
por el placer de la conjunción entre los elementos que con-
curren en la producción de la criatura— en un proceso de
producción/consumo aparte, en un proceso de comunicación válido por sí mismo.

En efecto, la procreación es un proceso de producción
de un "objeto" —la nueva criatura— destinado al consumo de la comunidad, a la autorreproducción de la misma;
la relación sexual es un momento de ese proceso productivo en el que lo mismo el macho para la hembra que ésta
para él son elementos subordinados a la relación procreativa principal que es la que guarda cada uno de ellos con la
comunidad a la que debe entregar su producto. El erotismo aparece cuando, en total ruptura con esto, esa relación
sexual se constituye de manera autónoma en un proceso que
es de trabajo y disfrute simultáneamente y que se confunde
además con el bien/producido, objeto que no es otra cosa
que el estado gozoso del cuerpo del otro. Emisor y receptor
cifran sus respectivos mensajes en la actividad que ejercen
cada uno con el cuerpo del otro en el mismo momento en
que, en reciprocidad, entregan el propio a la actividad del
otro; mensajes que son, ambos, de reafirmación de su estar
en el mundo. La autonomía que la concreción erótica da a la
sexualidad humana no sólo saca a ésta de su función ancilar

repecto de la procreación, sino que invierte el orden de las prioridades; la procreación deja de ocupar el lugar esencial y se vuelve un pretexto no indispensable de la relación erótica. Lo mismo sucede con la pertenencia de los amantes a una de las dos identidades sexuales heredadas del animal; al llegar a ser prescindible, deja a la sexualidad erotizada el campo abierto para la improvisación de identidades inéditas.[4]

Algo similar sucede con la transnaturalización de la otra función reproductiva relacionada con la integridad física del cuerpo del sujeto humano. Es una integridad que necesita reproducirse mediante el consumo de una cantidad mínima de un determinado conjunto de substancias alimenticias. En el proceso de la reproducción humana, estas substancias aparecen sin embargo obligadas a ofrecer una determinada forma. Si el conjunto de substancias alimenticias no estuviese ordenado de una determinada forma, preparado de una determinada manera, si no hubiese esta satisfacción no sólo del aspecto físico, sino sobre todo de la forma, de aquello que subordina lo físico a lo político; si no satisficiese este requerimiento aparentemente ocioso no podría cumplir la función a la que está destinado desde la perspectiva meramente funcional o fisiológica.

En lugar de producir/consumir una cierta cantidad de determinadas substancias alimenticias básicas dotadas por sí mismas espontáneamente de una forma natural, como lo haría el animal, el ser humano prepara/disfruta sobre todo

---

[4] Sólo la escasez como horizonte de lo concreto en la historia de la humanización o transnaturalización entrega la clave para la comprensión de los innumerables intentos de regresión al productivismo sexual animal que han puesto límites a la erotización de la sexualidad humana y que han dado lugar a los también innumerables usos y costumbres amorosos descritos por la antropología.

significaciones gustativas artificiales muy variadas; sabores diversos para una cantidad incierta de determinadas substancias alimenticias, acompañadas de otras que no siempre lo son. Prepara/disfruta formas de sabor dirigidas a su reproducción como ser "meta-físico", político; formas, sabores que, en ocasiones, pueden llegar a requerir, como soporte o vehículo de ellas, incluso de drogas, de substratos naturales colindantes con el veneno.

Digamos, para concluir, que la constitución de la forma humana de la reproducción a partir de la forma animal —este proceso de meta- o trans-naturalización— es un proceso conflictivo en el que mientras la una se impone la otra se resiste. La forma animal no permanece en lo social sólo como huella, como cicatriz del conflicto y de la violencia que fue ejercida sobre ella, sino sobre todo como el descontento vivo hacia sí misma que habita en lo que la propia forma humana ha podido ser hasta ahora.

LA IDENTIDAD, LO POLÍTICO
Y LA CULTURA

Y precisamente en esta inconstancia
reside la mismidad...
GEORG WILHELM FRIEDRICH HEGEL,
La fenomenología del espíritu

UNA AVENTURA única e irrepetible se encuentra en juego en cada uno de los casos de totalización concretizadora de la socialidad humana que pueden darse en la historia. En cada uno aparece, salida del uso mismo del código, una propuesta distinta para subcodificarlo de una cierta manera. El contenido de esta aventura, el "tema" de esta propuesta distingue de los demás posibles a cada uno de esos casos de concretización; contenido y "tema" que le son propios y exclusivos y que son los que le dan una "mismidad" o identidad.

La identidad no reside, pues, en la vigencia de ningún núcleo substancial, prístino y auténtico, de rasgos y características, de "usos y costumbres" que sea sólo externa o accidentalmente alterable por el cambio de las circunstancias, ni tampoco, por lo tanto, en ninguna particularización cristalizada del código de lo humano que permanezca inafectada en lo esencial por la prueba a la que es sometida en su uso o habla. La identidad reside, por el contrario, en una coherencia interna puramente formal y siempre transitoria de un sujeto histórico de consistencia evanescente; una coherencia que se afirma mientras dura el juego dialéctico de la consolidación y el cuestionamiento, de la cristalización y la disolución de sí misma.

Vista como una coherencia formal y transitoria del sujeto, la identidad de éste sólo puede concebirse como un acontecer, como un proceso de metamorfosis, de transmigración de una forma que sólo puede afirmarse si lo hace cada vez en una substancia diferente, siendo ella cada vez otra sin dejar de ser la misma. La identidad sólo puede ser tal si en ella se da una dinámica que, al llevarla de una desubstancialización a una re-substancialización, la obliga a atravesar por el riesgo de perderse a sí misma, enfrentándola con la novedad de la situación y llevándola a competir con otras identidades concurrentes.

Hipotéticamente, es sin duda indispensable hacer referencia a un momento originario en la constitución del sujeto social concreto y el mundo de su vida, a un momento de fundación de su identidad. Se trataría de un acontecimiento instaurador de identidad porque implicaría necesariamente la creación de una subcodificación arcaica y fundamental para ese código general, el descubrimiento inaugural de un cosmos singularizado y excluyente.

El recurso a la hipótesis de un "momento originario" y fundador de identidad no está atado al uso racista que se ha hecho de él —que se inventa raíces y *Ur-sprünge* raciales o "de sangre" para las naciones—; puede tener la virtud de recordar el carácter constitutivamente contradictorio y conflictivo que tienen todas las innumerables versiones de lo humano como resultados de distintos procesos de transnaturalización de la gregariedad animal y, sobre todo, de mostrar que la identidad sólo tiene que ver con la forma de la substancia corporal natural o animal (racial) y no con ésta.

Originada en un momento inicial que se define como un primer episodio de trans-naturalización, la identidad es un hecho formal, el compromiso concreto de un sujeto consigo mismo que sólo se constituye como tal precisamente en torno a él; un hecho formal que sólo puede permanecer en la medida en que está siendo reconformado, ya sea día a día o en ocasiones extraordinarias, es decir, en la medida en que está siendo trans-formado a lo largo de la historia.

En efecto, tras la vigencia o validez que demuestra tener cada propuesta de articulación o simbolización elemental, cada concretización o subcodificación de lo humano, hay que suponer el hecho de una aventura primera: la hominización o trans-naturalización de la vida animal al convertirse en vida humana. Una aventura traumática, y en ese sentido inconclusa, repetida de diferente manera en innumerables ocasiones, que deja impresa para siempre en la particularización de lo humano aquella experiencia en la que su fundamento animal (las pulsiones del cuerpo humano y de su territorio) debió ser forzado a sobrevivir de una nueva manera, sacado de su medida espontánea: reprimido, por un lado, y excitado, por otro.

El código de la semiosis humana fuerza al código de la comunicación animal a ser sólo la substancia que está siendo formada por él; instaura una relación de subordinación que no pierde jamás sus tensión conflictiva. Atada a la animalidad a la que trasciende, y sin embargo separada de ella por un abismo, cada forma determinada de lo humano que es reproducida en sus transformaciones a lo largo de la historia obliga a que reproduzca también, simultáneamente, el conflicto que le es inherente; un conflicto arcaico y a la vez siempre actual entre ella misma y lo que en ella hay de substrato natural re-formado y de-formado por su trans-formación.

La hipótesis de un momento originario o "fundador de identidad", lejos de caer ineluctablemente en definiciones substancializadoras o sustantivadoras de la identidad social, lleva más bien, si es planteada de esta manera, a no "conceder callando" ante ese tipo de definiciones, sino a combatirlas frontalmente.

La identidad arcaica, la que obedece a un compromiso concretizador de la más larga duración, la que otorga una forma singular a la asunción de la escasez, definiendo, por ejemplo, al "ser humano del maíz" dentro del conjunto de los otros seres humanos ("del trigo", "del arroz", etcétera), es sólo la plataforma de partida de la infinidad de compromisos concretizadores que se suceden históricamente y que la reconforman una y otra vez en muy diferentes direcciones, y esto no sólo alrededor de sí misma, sino de su mestizaje con las demás, ellas misma transformadas en sus respectivas historias.

La identidad actual de un sujeto —sea privado o colectivo— es, así, la que le viene del compromiso en cada caso principal y dominante en torno al cual se define la red de reciprocidades en la que se desenvuelve su existencia concreta; red de interacciones en la que los otros con los que el sujeto tiene que ver en su elección de un futuro no son sólo los que se encuentran *hic et nunc* efectivamente, sino también todos esos otros, de presencia virtual, que se hallan objetivados en el mundo de la vida y que lo comprometen ineludiblemente con el pasado. La identidad del sujeto es, por lo tanto, una identidad ella misma proteica, hecha de las muchas identidades divergentes, a veces en conflicto entre sí —entre las que elige y a las que combina en sus metamorfosis—, que lo reclaman según las circunstancias y que sólo al unificarse en torno a una de ellas "en última instancia" dotan de una "integridad" a su metamorfosis. Es, exagerando sólo un poco, la identidad del "ortónimo" pessoano, que sólo resulta del juego de sus "heterónimos". Por ello es ilusorio hablar de la identidad de una persona o un grupo social como un conjunto de rasgos distintivos; si éstos se dan son sólo las huellas, muchas veces engañosas, de episodios en los que ciertos compromisos de reciprocidad intersubjetiva se constituyen y reactualizan, de creaciones eminentemente formales en las que se concretiza un sujeto singular en una situación única.

LO SAGRADO Y LO PROFANO

Habíamos dicho anteriormente (en la segunda lección) que el proceso de reproducción social se distingue por su politicidad, esto es, por el predominio que se da en él de su nivel político sobre su nivel físico o animal; añadíamos que ese nivel político es el de la reproducción de la forma de su socialidad, de la forma concreta de la misma, es decir, de su identidad.

Producir y consumir transformaciones de la naturaleza, llevar a cabo la reproducción del sujeto físico es un proceso que sirve de soporte o de substancia al proceso de autorreproducción del sujeto como una entidad formal concreta, como una figura singularizada, individuada o identificada de ese conjunto de relaciones de convivencia en que consiste la socialidad. Al realizarse en el proceso de trabajo y disfrute de un grupo social concreto, la vida humana implica la reproducción o el cultivo de la identidad del mismo, de una identidad que se transforma, y que lo hace ya sea acumulativamente, como resultado de muchos ciclos sucesivos de reproducción, o disruptivamente, en acontecimientos de cambio concentrado, excepcionales, en los que debe repetirse el acto político fundamental de la constitución de una forma para la socialidad.

Miremos con más detalle esta doble manera de cumplirse que tiene la reproducción política del sujeto social —la transformación de su identidad—: como transformación disruptiva o como cambio acumulativo.

Hasta antes de la modernidad, la vida humana debió desenvolverse en medio de la escasez absoluta. Lo Otro, lo no-humano, rechazaba el surgimiento de la forma humana de la vida en medio del mundo animal, y ello obligaba a que esta vida se constituyese como un comportamiento belicoso de defensa y agresión ante ello, en torno a una estrategia de supervivencia. El hecho de basarse en la afirmación de la necesidad de la propia forma por encima de su contingencia —yendo más allá de la precariedad de su mundo, de su falta de fundamento desde la perspectiva de lo Otro— obligó a que el principio de concretización del código de lo humano fuese un principio productivista, que comprometía en el presente y hacia el futuro a toda la existencia social en torno a la consecución y acumulación del producto, de la presa o el botín arrancados a lo Otro.

El productivismo es la huida hacia adelante, elegida como solución a la escasez, esto es, como remedio a la condición que pesa sobre la propuesta humana de reorganización de la vida y que hace de ella un hecho contingente y precario; es el intento desesperado de salvarse del carácter artificial y por tanto finito del mundo humano, de negar el hecho de que, así como apareció o fue fundado y ahora está ahí en su trans-naturalidad, así también mañana puede desaparecer, ser anulado y ya no estar. Se trata de una solución falsa, ella también precaria, que no alcanza a eliminar la experiencia de esa contingencia y finitud del mundo de la vida humana y que debe buscar, en lugar de ello, la manera de neutralizarla.

Para neutralizar la experiencia de esta carencia de fundamento —una experiencia que en principio debería ser permanente—, el comportamiento humano se proteje de ella mediante un *éthos* elemental que la concentra exclusivamente en los momentos en los que ella es una experiencia directa o inmediata: los momentos catastróficos, virulentamente políticos, de re-fundación o reinvención de la figura concreta de la socialidad. En el resto del tiempo —y en lugar de la contingencia—, el comportamiento humano, guiado por ese *éthos* elemental, experimenta más bien la vigencia interna de su forma social como una vigencia absolutamente necesaria; percibe a esa forma como una "segunda naturaleza" y se desenvuelve como plenamente fundado en ella y seguidor de sus leyes "naturales". El uso del código (el habla de la lengua) se clasifica así según el criterio del grado de importancia que tiene en él la función metasémica o metalingüística; aquella función, precisamente, que tiene que ver con la necesidad del código, con la vigencia de su propuesta de simbolización elemental. Es una clasificación que ordena dicho uso o habla de manera polarizada y excluyente: de un lado está el que es casi un puro cuestionamiento del código y del otro el que es casi una pura ejecución del mismo.

El acontecer de la reproducción social se desdobla, así, en dos momentos característicos, dueños de sus respectivas temporalidades: el momento extraordinario de la existencia "en el límite", dotado de una temporalidad cíclica de larga duración, y el momento ordinario de la existencia en la rutina, al que le corresponde una temporalidad lineal y coyuntural.

El momento extraordinario es aquél en que el nivel político de la reproducción social se encuentra en estado de virulencia, en el que la capacidad política del ser humano es requerida o exigida al máximo. Es aquel momento en el que, forzada por las circunstancias, en una situación límite, la comunidad se encuentra obligada a tomar una decisión radical acerca de la forma de su socialidad, de su mantenimiento o su transformación. Situación límite que puede ser lo mismo positiva, promesa de perfeccionamiento o autorrealización plena, que negativa, amenaza de catástrofe y desaparición. Revolución o barbarie, salto hacia el perfeccionamiento o caída en la regresión.

En el caso de una situación revolucionaria, la comunidad social remonta una crisis que la ha obligado a replantear su propia identidad ante un horizonte de posibilidades más amplio o más complejo; está en proceso de reformular esa identidad, de rehacerla o reconstruirla, de recrearla. En la situación catastrófica, en cambio, la comunidad sucumbe ante la imposibilidad, provocada por cataclismos naturales, guerras con otras comunidades o conflictos intestinos, de reproducir su identidad, es decir, entra en un proceso de rescate vía disminución cualitativa de la forma de su socialidad, de regresión salvadora.

El momento de fundación, así como el de refundación o revolución, es el momento reconocido por las sociedades arcaicas como el momento "sagrado", puesto que en él se reconocen los límites entre el cosmos, por un lado, y el caos, por otro; entre el reino de la necesidad y el reino de la suerte; es decir, entre lo formado, por un lado, y lo amorfo, por otro; en el que, en definitiva, se establecen los límites que, en medio de lo Otro, separan aquello que será tratado como lo real y aquello que quedará como no integrable, como un trasfondo impenetrable.

El momento "sagrado" o de (re)fundación traza también los límites entre aquello de la animalidad humana que recibió efectivamente un sentido humano, aquello que es considerado parte constitutiva de la forma de la socialidad del sujeto, y aquello que quedó fuera, que fue rechazado, que no fue funcionalizado en el proceso de la reproducción social y, por tanto, fue reprimido.

La experiencia de la constitución del cosmos en medio del caos es una experiencia traumática que queda marcada en el código y con un sentido sin duda ambivalente. Por un lado, el productivismo, el rasgo más elemental de su concreción o subcodificación, tiene inscrito en sí el gran temor de que esa línea de demarcación se rompa, de que se rasgue esa tenue película que separa lo necesario de lo azaroso, lo consagrado de lo repudiado, y se abra el momento del Apocalipsis, del desmoronamiento del orden.

Pero también, por otro lado, todo lo que se niega en la determinación productivista queda marcado en el código como una añoranza de ese momento de refundación apocalíptica o reconformación de la forma social. Un trasfondo de la forma productivista de la vida social, una substancia de su subcodificación "presiona" desde dentro de esa misma forma para ir más allá, para salir del cosmos consagrado, que le resulta demasiado estrecho.

El momento de la pura rutina, por su parte, el momento "profano", en el que impera el ritmo de la ejecución rigurosa del código productivista, el comportamiento humano lo mismo productivo que consuntivo se guía por el *éthos* elemental que deniega lo insoportable del momento extraordinario y se refugia en el cumplimiento de las normas estipuladas por la forma social establecida. Lejos de reconocerlas en lo que son —a saber: el decantamiento de una estrategia de supervivencia en la lucha contra la escasez, contra la amenaza de lo Otro—, las tiene por normas naturales cuyo seguimiento estricto, incansablemente repetido, es la garantía de su vigencia y, por tanto, de su efectividad.

En el momento extraordinario, la subcodificación concreta del "código general" del comportamiento humano, que lo individúa o identifica en una situación determinada, y, en cierta medida, el código mismo, entran a ser re-formulados o re-configurados en la práctica, son tratados de una manera que desata la virulencia en la función meta-sémica y metalingüística de la vida como un proceso comunicativo. En el momento de la rutina, en cambio, el uso que se hace de ellos es completamente respetuoso de su autoridad, concentrado en cualquier otra de las funciones comunicativas menos en la autorreflexiva o autocrítica.

Por su parte, la existencia "profana" o cotidiana del ser humano es mucho más que la simple cara opuesta de la existencia extraordinaria, como lo sería en efecto la existencia rutinaria; la existencia "normal" tiene una consistencia compleja que resulta de una combinación especial de las otras dos.

La variedad inagotable y la dinámica sin reposo de las formas de la vida cotidiana de los seres humanos se explica por el hecho de que es un tipo de vida que sólo se constituye como tal en la medida en que estas dos modalidades contrapuestas de su existencia coexisten en él; es decir, en la medida en que el cumplimiento de las disposiciones "inscritas" en el código tiene lugar, por un lado, como una ejecución ciega y, por otro, como una asunción cuestionante de las mismas; en la medida en que la práctica rutinaria se combina con otra que la quiebra e interrumpe de manera sistemática, trabajando críticamente sobre el sentido de lo que ella hace y dice.

El tiempo del proceso cotidiano de la reproducción social es aquel en el que gravitan, simultánea o sucesivamente —en alternancia lo mismo vertiginosa y "salvaje" que pausada y calendarizada—, dos temporalidades disímbolas: una temporalidad real, propia de la secuencia repetitiva del tiempo rutinario o "profano", y una temporalidad imaginaria, propia del ritmo inventivo que mimetiza el tiempo de la acción extraordinaria o "sagrada".

Si en alguna escala, mayor o menor, sea en toda una vida, en un año o en un solo instante no se da esta combinación de los dos modos contrapuestos del comportamiento humano; si no se da el entrecruzamiento de una existencia que cumple automáticamente el programa codificado con

una existencia "en ruptura", que trata de manera "refle-
xiva" y crítica a ese programa, no puede hablarse, en la
historia en la que aún vivimos, de una existencia cotidiana
propiamente humana.

LA COTIDIANIDAD DE LO POLÍTICO

Así, pues, el modo revolucionario o, si se quiere, "sagrado"
de realizarse de la "politicidad" —el carácter distintivo de
la vida humana— tiene necesariamente dos modos de presencia, el uno real, en los momentos extraordinarios, y el
otro imaginario, en los momentos cotidianos. La manera
"profana" o no revolucionaria de su realización pertenece,
en cambio, a la componente rutinaria de la actividad cotidiana; de toda ella como praxis productivo/consuntiva, y no
sólo de la actividad política propiamente dicha o actividad
política institucional.

En efecto, la versión no revolucionaria de lo político está
presente en la vida cotidiana de dos maneras diferentes:
la primera real y la segunda imaginaria. La primera como
rutinización del momento extraordinario de lo político y la
segunda como simulacro del mismo.

La primera manera es la que corresponde a la actividad
política propiamente dicha. Se trata de una actividad que,
en principio, la ejercen todos los miembros de la comunidad puesto que tiene que ver con las instituciones que ordenan toda la vida productivo/consuntiva en tanto que vida
pública; una actividad que se ocupa de la expresión de la
nueva voluntad comunitaria y de su adecuación a la antigua voluntad, plasmada o codificada en ley fundamental o
constitucional.

Dentro de la vida cotidiana, la reproducción rutinaria de la identidad concreta de una comunidad tiene en la actividad política propiamente dicha su realización especializada. La política re-construye la identidad indirectamente, a través de la reproducción de los resultados que va dejando el momento de actualización extraordinaria o "sagrada" de lo político; a través, pues, de lo que es su obra: las instituciones que aseguran a lo largo del tiempo la vigencia de esa identidad.

La política puede ser vista como una especie de prolongación real del momento extraordinario en el momento cotidiano;[1] una prolongación en la que el protagonismo de lo político permanece, pero sólo de manera inerte, institucionalizado, detenido o cristalizado. Es una actividad que resulta hasta cierto punto extravagante dentro del conjunto de actividades de la vida cotidiana; lo que en ella se produce/consume es un objeto él mismo extraño: el acuerdo o congruencia del polimorfismo de la vida pública con la vigencia de las instituciones que la regulan.[2]

---

[1] De acuerdo a esto, lo que suele entenderse por "cultura política" consistiría en la reproducción de una forma peculiar de institucionalizar lo político como "política", una manera particular de prolongar lo político fuera del momento "sagrado" que le es propio, en la rutina de lo cotidiano.

La actividad política formal, institucional o rutinaria de la vida cotidiana no implica una ruptura del momento de la rutina; más bien, al revés, implica una absorción de lo extraordinario por parte de ésta. Lo que no quiere decir que la actividad política rutinaria rehuya la irrupción imaginaria, dentro de sí misma, de lo político-extraordinario que se prolonga en ella de manera no por real menos apagada. Por el contrario, la fiesta, ese sustituto de la revolución en la vida cotidiana, es requerida con gran frecuencia en calidad de acompañante por la actividad política institucional.

[2] En la perspectiva de los productores/consumidores de objetos prácticos comunes la política se presenta como una actividad especial, propia de "los políticos". Los "políticos", a su vez —aquellos que fueron guerreros,

La política puede ser, por un lado, una actividad política "natural", religiosa o comunitaria, y, por otro, una actividad política "contractual", laica o republicana. La primera, la política religiosa, propia de comunidades pre-modernas o de tendencia "oriental", corresponde a una vida social en la que el momento extraordinario y el momento cotidiano no se encuentran separados ni clara ni definitivamente en el tiempo. Tanto la realización plena como la catástrofe total de la identidad comunitaria son hechos que se viven en ellas como probables y que, en cierta medida, están efectivamente en juego todavía en la parte alta o esotérica del cuerpo social. La prolongación de lo "sagrado" dentro de lo "profano" es tan reciente y tan fuerte que mantiene a éste como un momento que no acaba de constituirse y que se da como una coagulación que avanzara de la periferia hacia el centro, de lo bajo hacia lo alto de la vida social. Por lo demás, y como resultado de lo anterior, en la actividad política religiosa, la discrepancia entre la voluntad comunitaria espontánea y la voluntad comunitaria cristalizada en las instituciones, es decir, el conflicto entre el polimorfismo de la vida nueva y la forma establecida se resuelve en un proceso incuestionable de subordinación y "traducción" de la primera a la segunda.

El segundo tipo de actividad política, el republicano, propio de sociedades de tendencia "occidental" o encauzadas en la modernización, corresponde, en cambio, a una vida social que presupone la "coagulación" definitiva del

revolucionarios, héroes de los grandes momentos comunitarios, y que han sobrevivido como "hombres de Estado", legisladores, ministros, jueces—, parecen ser gente que en épocas de paz se ha quedado con el armamento de las épocas de guerra; gente que emplea un discurso excesivo, solemne, propio de las circunstancias en que "la patria está en peligro".

tiempo de lo cotidiano y su separación clara respecto del tiempo extraordinario. Una vida social en la que el conflicto entre la voluntad comunitaria emergente (la "sociedad") y la voluntad comunitaria institucionalizada (el "Estado") no se encuentra resuelto de antemano, en la que los intereses de la *res* pública no coinciden inmediatamente con los de la *res* privada, sino que tienen que ser re-definidos y unificados en la construcción de una voluntad consensual.

*

Aparte de este modo de presencia de lo político en la cotidianidad como actividad política propiamente dicha, hay, sin embargo, otro diferente que, pese a que en ocasiones es el más decisivo, suele pasar inadvertido o tratado sólo en calidad de "ruido" en la teoría política moderna.

En la cotidianidad humana la rutina, es decir, el momento puramente animal o automático de la reproducción, de obediencia ciega a la segunda naturaleza, se encuentra interferido sistemáticamente, interrumpido por momentos de ruptura que se caracterizan porque en ellos lo político se hace presente mediante la construcción de un plano imaginario de comportamiento en el cual tiene lugar un simulacro de la politicidad revolucionaria, una repetición del cuestionamiento de la forma establecida de la socialidad, de la identidad consagrada de la comunidad. El momento extraordinario o "sagrado" de lo político altera así, desde el plano imaginario, el funcionamiento automático de la rutina del ser humano. En medio de una ejecución ciega del código (y de su subcodificación), que ha debido poner entre paréntesis la función metasémica, aparecen unas burbujas de libertad, unos usos que lo actualizan centrándolo precisamente en torno a esa función, en torno a la puesta en crisis de su capacidad simbolizadora.

Así, pues, lo político no sólo se encuentra presente en términos reales, no únicamente bajo la forma de la política, sino también en términos imaginarios, en las rupturas que acompañan al funcionamiento rutinario de la vida cotidiana. La vida cotidiana del hombre es, como veíamos, una vida sumamente rica y compleja, no se parece en nada a la que podríamos llamar "rutina" de los animales. La rutina de los seres humanos está invadida por momentos imaginarios de ruptura, de antiautomatismo, de libertad; momentos en los que el ser humano afirma lo específico de su animalidad: su politicidad.[3]

Definición de la cultura

La cultura es el momento autocrítico de la reproducción que un grupo humano determinado, en una circunstancia

---

[3] La historia de la tercera modernidad de la América Latina, la republicana —las otras fueron la jesuita, del siglo XVII, y la borbónica, del siglo XVIII—, ofrece un cuadro que sería pintoresco si no implicara una serie de experiencias desastrosas, que ilustra dos pasos mencionados aquí —ambos frustrados, nunca concluidos—: el primero, que llevaría de la confusión a la distinción entre lo político extraordinario y lo político cotidiano, y el segundo, que avanzaría de la confusión a la distinción entre la política real y la política ficticia. El cuadro al que me refiero es el que ofrece el escenario de la política latinoamericana, sobrepoblado lo mismo de generales y caudillos —hombres que vuelven rutinario al tiempo extraordinario— que de religiosos —hombres que banalizan la transubstanciación festiva de la catástrofe— y de literatos y artistas —hombres de la rememoración de la revolución imaginaria—, y sumamente escaso, en cambio, de representantes genuinos de una "sociedad civil".

histórica determinada, hace de su singularidad concreta; es el momento dialéctico del cultivo de su identidad. Es por ello coextensiva a la vida humana, una dimensión de la misma; una dimensión que sólo se hace especialmente visible como tal cuando, en esa reproducción, se destaca la relación conflictiva (de sujeción y resistencia) que mantiene —como "uso" que es de una versión particular o subcodificada del código general del comportamiento humano— precisamente con esa subcodificación que la identifica.

Cultura, cultivo crítico de la identidad, quiere decir, por lo que se ve, todo lo contrario de resguardo, conservación o defensa; implica salir a la intemperie y poner a prueba la vigencia de la subcodificación individualizadora, aventurarse al peligro de la "pérdida de identidad" en un encuentro con los otros realizado en términos de interioridad o reciprocidad.[4]

---

[4] Corresponde al nacionalismo de la época moderna la convicción de que la cultura es un patrimonio de formas propias y peculiares, un *Kulturgut* o una *Kulturerbe* (herencia cultural) que debe ser *gepflegt*, cuidada o cultivada especialmente en su núcleo —del cual ella sería sólo la prolongación objetiva—, en la "cultura" en vivo que sería precisamente la identidad o peculiaridad pero encarnada como *Volk* (pueblo); para ella, la *Pflege* o cultivo de la identidad de una comunidad consiste, por un lado, en cristalizarla en una figura que la "museífica", es decir, en aferrarse a ciertos rasgos de ella y, por otro, en insuflar a esa figura una vitalidad externa, venida de la valorización del valor capitalista, que le es adjudicada como propia. Esta cultura oficial, opuesta a la espontánea, es una manera de negar la cultura como el cultivo dialéctico de una identidad que sólo se reproduce en la medida en que se cuestiona, en que se enfrenta a otras, se combina con ellas, defendiéndose de ellas y también invadiéndolas. La exaltación de la identidad *Völkisch* germana llevada a cabo por el nacionalsocialismo alemán, lejos de implicar la *Pflege* o el cultivo de alguna de las identidades histórico-concretas que el Estado moderno forzaba a caber dentro de una identidad nacional alemana, fue la negación de todas ellas. Era una identidad momificada, a la que el movimiento nazi no venía a liberar de esta

La reproducción de la "mismidad" no puede ser otra cosa que una puesta en juego, una de- y re-substancialización o una de- y re-autentificación sistemática del sujeto. Debe ser la incesante puesta en práctica de una peculiar "*saudade*" dirigida precisamente hacia el otro, hacia aquella otra forma social en la que posiblemente la contradicción y el conflicto propios hayan encontrado una solución, en la que lo humano y lo Otro, lo "natural", se encuentren tal vez reconciliados.

Al plantearse como la historia del acontecer de una forma, de su permanecer gracias y a través de su alterarse, la historia de la cultura se muestra como un proceso de mestizaje indetenible; un proceso en el que cada forma social, para reproducirse en lo que es, ha intentado ser otra, cuestionarse a sí misma, aflojar la red de su código en un doble movimiento: abriéndose a la acción corrosiva de las otras formas concurrentes y, al mismo tiempo, anudando según su propio principio el tejido de los códigos ajenos, afirmándose desestructuradoramente dentro de ellas.[5]

La cultura es una dimensión de la vida humana; por ello la acompaña en todos los momentos y todos los modos de su realización; no sólo en los de su existencia extraordinaria, en los que ella es absolutamente manifiesta, sino también en

condición, sino sólo, manteniéndola en ella, a insuflarle una vida fingida, artificial.

[5] El culto a la "tolerancia" que los Estados occidentales de la época de la "globalización" tratan de infundir en sus poblaciones no es suficiente para ocultar el substancialismo profundamente racista de su autodefinición cultural. "Tolerar" significa "soportar", "permitir", es decir, simplemente "no agredir" (por lo menos aquí y por lo pronto) a los otros; no significa, como ha sido el verdadero método de la historia de la cultura —redescubierto para la modernidad por la Malinche mexicana en el siglo XVI—, "abrirse" a ellos y retarlos a que ellos también "se abran".

los de su existencia cotidiana, en los que ella se hace presente siguiéndola por los recodos de su complejidad.[6]

En la vida "normal" o cotidiana la existencia rutinaria sólo se cumple si es capaz de romperse para recibir en sí misma, en el plano imaginario de su realización, la irrupción del modo extraordinario de la existencia. Puede decirse, de acuerdo a esto, que es en este momento de ruptura constitutivo

---

[6] El concepto de "dimensión cultural" que se desarrolla aquí se introduce con libertad en el intrincado panorama de acepciones del término "cultura" que se encuentra vigente en nuestros días. La comprensión moderna de la dimensión cultural se despliega en muy variados escenarios típicos del uso lingüístico; cada uno de ellos es capaz de proponer su propia acepción. Tales escenarios pueden clasificarse de acuerdo a la manera en que organizan las siguientes oposiciones semánticas principales:

a) "Cultura"/"naturaleza": el mundo dotado de vida espiritual, de semiosis lingüística (lo humano), frente al mundo carente de espíritu y de lenguaje propiamente dicho (lo animal).

b) "Cultura"/"civilización": lo humano espiritual, desinteresado o supraestructural frente a lo humano infraestructural, pragmático o material.

c) "Culturas"/"civilización": las sociedades en las que lo humano se encuentra en un estado más simple, primario, primitivo o subdesarrollado ("amazónicas", "azteca", etcétera), frente a la sociedad en la que lo humano (las técnicas) es más complejo, está más desarrollado o ha alcanzado su mayor altura ("indogermana", "grecorromana").

d) "Cultura"/"culturas": la forma de lo humano en general (global o universal), frente a las múltiples versiones histórico-concretas de lo humano (occidental, oriental, católica, capitalista, etcétera).

e) "Culturas"/"culturas o patrones de comportamiento": las instituciones y tradiciones (políticas, eróticas, culinarias, etcétera) constitutivas y permanentes ("cristiana", "citadina", "nómada", etcétera), frente a los usos o hábitos substituibles y pasajeros ("deportiva", "cinematográfica", "del automóvil", "del rock", "del agua", etcétera).

f) "Cultura"/"mentalidad (carácter, genio, peculiaridad, estilo)": la "cultura universal", libre, creativa, refinada, frente a la "cultura situada", elemental, atada a intereses sectoriales de la sociedad ("del maíz", "femenina", "de la pobreza", "adolescente", "obrera", etcétera).

de la cotidianidad humana en el que se concentra, como una actividad cultural especial o propiamente dicha, aquella dimensión cultural difusa y generalizada, propia de todo el proceso de reproducción social, la del cultivo dialéctico o autocrítico de su identidad o singularidad concreta.

La existencia "en ruptura" se da como una irrupción del comportamiento extraordinario dentro del comportamiento rutinario. Una irrupción que tiene lugar en el escenario de la imaginación, esto es, en el plano en el que la semiosis lingüística ejerce de manera inmediata su dominio sobre la semiosis práctica, en el que las significaciones "atadas" se liberan de sus ataduras, se convierten en simulacros de sí mismas, haciendo "como si" pudieran desenvolverse en un juego libre, con independencia del substrato al que dan forma, del contacto que las posibilita. La ruptura es justamente "un hecho inofensivo, de consecuencias puramente mentales", una repetición fingida de lo que acontece con la vida humana y su mundo en el momento ambivalente en el que tanto la realización plena de la comunidad concreta como la aniquilación de la misma, tanto la "luminosidad absoluta" (la Arcadia) como la "tiniebla absoluta" (la catástrofe) son, ambas, igualmente posibles.[7]

En el momento de la rutina, la dimensión cultural se encuentra en estado inerte, es un hecho cultural. La subcodificación del código está "en automático", en el grado mínimo de su cultivo. En el momento de ruptura, en cambio, este cultivo entra en acción, se vuelve especialmente enfático. En

---

[7] La amenaza a la forma social que posibilita la vida de la comunidad es doble: la de su destrucción definitiva, de la catástrofe, del retorno al momento de la (re)fundación, y la de una especie de recaída en la animalidad, la del hundimiento en el automatismo que la haría desvanecerse y la destruiría, también, a su manera.

la preparación rutinaria de los alimentos, su sabor peculiar se cultiva de todas maneras; en cambio, en la preparación festiva de los mismos su sabor es el resultado de una "puesta en crisis" de la receta tradicional para alcanzarlo, de una reactualización de la misma para una ocasión especial. Dos momentos o dos modalidades de la misma dimensión cultural, la una repetitiva o ingenua, la otra creativa o crítica. Cuando hablamos de una actividad propiamente cultural hacemos referencia justamente a esta realización de la dimension cultural en la que se encuentra resaltado el movimiento metasémico, "reflexivo" o autoctrítico que la caracteriza.

La actividad cultural no requiere, en principio, de un tiempo y un espacio propios; puede acompañar como una sombra o como un "aura" a cualquier actividad rutinaria. Sin embargo, incluso en este caso implica de todas maneras un gasto de energías ultra-funcional que es improductivo.[8] Este carácter dispendioso, "lujoso" de la cultura, que puede acentuarse casi ilimitadamente cuando su práctica se ha independizado del funcionamiento pragmático de la producción/consumo y ha alcanzado altos grados de dificultad técnica, lleva a la confusión que tiende a negar la omnipresencia de la actividad cultural y a reducirla a su manifestación restringida como "alta cultura".

---

[8] Puede darse incluso la paradoja —y se da, en efecto, con gran frecuencia— de que el "lujo" de la cultura se despliegue en situaciones más bien miserables, que parecerían requerir un ahorro especial de energía de trabajo y no disponer de tiempo ni espacio para una existencia autocrítica; es una paradoja que se presenta allí donde —como sucede en escala sistemática en la modernidad capitalista— la forma social está en la necesidad perversa de reproducir las condiciones de escasez de la vida humana para poder sostenerse e impide, por tanto, el ejercicio productivo del trabajo en determinadas zonas del cuerpo social global sobre el que se asienta.

La distinción entre baja y alta cultura se ha planteado de muchas maneras: baja cultura o cultura popular o espontánea, como un hecho tosco, no elaborado, en estado primitivo, y alta cultura o cultura de élite o educada, como un hecho refinado, tecnificado, que conoce y respeta una tradición.[9]

Se trata de una distinción que, a partir de una experiencia histórica real, confunde la necesidad de una autonomización de la actividad cultural con la de la reclusión de esa actividad, una vez autonomizada, en la esfera de vida de las *ruling classes*.

A partir de la actividad cultural simbiotizada con la vida rutinaria, que se expande en toda la vida cotidiana, se genera espontáneamente la diferenciación de una actividad cultural que debe realizarse de manera especial y que abre su escenario propio en medio de esa misma vida. Aparece así, de manera inherente a la vida social, la distinción entre cultura como actividad difusa y cultura como actividad concentrada. En las sociedades se constituyen ocasiones, sitios y personas que se dedican de manera especial —que no excluyente o monopólica— al cultivo crítico de la subcodificación. Es un hecho en sí mismo "democrático", que no implica ninguna jerarquización social, ninguna diferenciación destinada a poner en lo "alto" a quienes se concentran en la actividad

---

[9] La valoración que acompaña a este deslinde no siempre marca peyorativamente a la baja cultura. En ocasiones, cuando ésta es concebida como "cultura que hace el pueblo", lo "bajo" es sinónimo de "genuino", "vital", "creativo" (frente a lo "postizo", "mustio" o "aburrido" de la cultura alta o elitista, mandada a hacer por las clases dominantes). Cuando, a su vez, el pueblo es identificado con la clase trabajadora revolucionaria, a su "cultura proletaria" le es reconocido un carácter crítico espontáneo, históricamente constructivo (contrapuesto a la complacencia y limitación de la cultura "hecha por la burguesía").

cultural, sino que simplemente reconoce la posibilidad, que ellos aprovechan mientras pueden, de una entrega excepcionalmente mayor al comportamiento "en ruptura".

En la historia que conocemos, esta distinción espontánea se ha encontrado siempre sobredeterminada por el hecho de la organización jerarquizada del cuerpo social —de la separación y coexistencia de castas y clases sociales sobre la base de la repartición desigual y polarizada del poder de disposición sobre el producto o la riqueza objetiva de la comunidad—, un hecho que ha presionado siempre, con mayor o menor éxito, para que la relación entre la actividad cultural autónoma, ahora oficializada, y la actividad cultural general, ahora "informalizada", deje de ser una relación de separación-complementación, en la que ambas se provocan y convocan mutuamente, y se convierta en una de separación-imposición, en la que la primera desprecia y subordina a la segunda, mientras ésta la desconoce y hace mofa de aquélla.

Que la "alta cultura" necesita de la "baja" parece ser obvio en la medida en que —como lo "descubrieron" los románticos— ella no puede ser otra cosa que una especialización potenciadora o, si se quiere, una "sublimación" de ésta: la alta cultura no podría darse sin la creatividad que acontece de manera espontánea en el cultivo crítico cotidiano de la subcodificación, sin la inventiva que aparece sin cesar repartida por todo el cuerpo social. Es aquí donde aparecen las nuevas formas, las innovaciones, los reforzamientos, las reformulaciones en la lenta historia de la concreción subcodificadora del código. Sin esta "baja cultura" no existiría la "alta cultura", esto parece ser evidente. Pero, a la inversa: ¿puede la "baja cultura" prescindir de la agitación, para ella abstrusa y lejana, que tiene lugar en las salas de juegos, en los santuarios y en las "torres de marfil" de la "alta cultura"? O, por el contrario,

¿la "baja cultura" requiere también esencialmente, y no sólo como una referencia de lujo prescindible, de la "alta cultura"?

Decíamos que las determinaciones "alta" y "baja" son en verdad "sobre-determinaciones" que afectan sólo tendencialmente a otra oposición más estructural —y no excluyente sino complementaria, no jerarquizadora sino niveladora—, la que aparece entre la manera autónoma y concentrada y la manera "atada" y difusa de la actividad cultural. De ser así, la pregunta que interesa habría que reformularla de otra manera, al margen de la idea de que lo "alto" puede tener importancia para lo "bajo": ¿en qué medida el uso "reflexivo" especializado, particularmente educado y elaborado, incluso esotérico, de la subcodificación del código —que implica el conocimiento, el respeto y el juego con ciertas tradiciones de manejo difícil— es necesario o indispensable para el uso "reflexivo" espontáneo de la misma? Y la respuesta no podría sino reconocer que la autonomización de la actividad cultural es un momento esencial de esa misma actividad, y que en esa medida es indispensable para ella. Una y otra son dos modos pese a todo inseparables de una misma actividad. Las idas y venidas, las reverberaciones, el diálogo muchas veces sordo e incomprendido entre lo que proviene de la creatividad de la "baja cultura" y lo que acontece por la inventiva de la "alta cultura" muestran una complicidad o colaboración entre ellas que se da al margen, por encima o por debajo, de esa adjudicación de funciones jerárquicas proyectada sobre ellas por la realidad de la lucha de clases.[10]

---

[10] La "sofisticación", el "tradicionalismo" y el "exotismo" están siempre a disposición de las *upper classes* cuando requieren sustituir el refinamiento real de la cultura autonomizada. Es lo que ostentan, por lo general, bajo el nombre de "alta cultura", ante la mirada entre atónita, envidiosa y burlona de las *lower classes*.

Bibliografía

Bataille, Georges, *La part maudite*, Minuit, París, 1967. (Trad. esp.: *La parte maldita*, Hispanoamericana, Barcelona, 1974.)

Benjamin, Walter, *Über den Begriff der Geschichte*, en *Illuminationen* [1940], Suhrkamp, Frankfurt a. M., 1977. (Trad. esp.: *Tesis sobre la historia y otros fragmentos*, Itaca-Universidad Autónoma de la Ciudad de México, México, 2008.)

Caillois, Roger, *L'homme et le sacré*, Gallimard, París, 1950. (Trad. esp.: *El hombre y lo sagrado*, Fondo de Cultura Económica, México, 1942.)

Claessens, Dieter, y Karin Claessens, *Kapitalismus als Kultur*, Suhrkamp, Frankfurt a. M., 1979.

Eliade, Mircea, *Le sacré et le profane*, Gallimard, París, 1965. (Trad. esp.: *Lo sagrado y lo profano*, Labor, Barcelona, 1992.)

Heinrich, Klaus, *Tertium datur, eine religionsphilosophische Einführung in die Logik*, Stroemfeld/Roter Stern, Basilea/Frankfurt a. M., 1981.

Huizinga, Johan, *Homo ludens*, Rowohlt, Hamburgo, 1938. (Trad. esp.: *Homo ludens*, Emecé, Buenos Aires, 1957.)

Kerenyi, Karl, *Die antike Religion*, E. Diederichs Verlag, Düsseldorf/Colonia, 1952. (Trad. esp.: *La religión antigua*, Revista de Occidente, Madrid, 1972.)

Mauss, Marcel, "Esquisse d'une théorie de la magie", en *L'Année Sociologique*, año 7 (1902-1903), 1904. (Trad. esp.: "Esbozo de una teoría general de la magia", en M. Mauss, *Sociología y antropología*, Tecnos, Madrid, 1971.)

Lección VI

EL JUEGO, LA FIESTA Y EL ARTE

El aura, el valor único, incompara-
ble, de la obra de arte auténtica, tiene
su fundamento en el ritual, en donde tuvo su valor de uso primero y
originario. Por más mediado que se
encuentre, este fundamento es reconocible todavía, incluso en las formas
más profanas del ritual seculariza-
do que cumple con la producción de
belleza.

WALTER BENJAMIN,
*La obra de arte en la época de
su reproductibilidad técnica*

Innumerables son, dentro de la complejidad de la vida cotidiana, las figuras que adopta la posibilidad de la "existencia en ruptura". Innumerables también, en consecuencia, las oportunidades que tiene la cultura de llevar a cabo su actividad, la reproducción de la identidad comunitaria concreta constituida como autocrítica. Todas ellas, sin embargo, presentan ciertos esquemas recurrentes de comportamiento que permiten su clasificación aproximada. Distingo tres principales, cada uno de los cuales puede encontrarse sea en estado puro o en una combinación más o menos estrecha con los otros dos: el esquema propio del juego, el de la fiesta y el del arte. El rasgo común de los tres, a partir del cual comienza su diferenciación, consiste en la persecución obsesiva de una sola experiencia cíclica, la experiencia política fundamental de la anulación y el restablecimiento del sentido del mundo de la vida, de la destrucción y la reconstrucción de la "naturalidad" de lo humano, es decir, de la "necesidad contingente" de su existencia.

El juego, el comportamiento en ruptura que muestra de la manera más abstracta el esquema autocrítico de la actividad cultural, consigue que se inviertan, aunque sea por un instante, los papeles que el azar, por un lado, como caos o carencia absoluta de orden, y la necesidad, por otro, como norma o regularidad absoluta, desempeñan complementariamente en su contraposición. El placer lúdico consiste precisamente en esto: en la experiencia de la imposibilidad de establecer si un hecho dado debe su presencia a una concatenación causal de otros hechos anteriores (la preparación física y psíquica en un deportista, el conocimiento de los

caballos, los jinetes y la pista, en un apostador) o justamente a lo contrario, a la ruptura de esa concatenación causal,
a la intervención del azar (la buena o la mala "suerte", la
"voluntad de Dios"). Es el placer metafísico que viene con
la experiencia de una pérdida repentina de todo soporte, de
todo piso o fundamento; la convicción fugaz de que el azar y
la necesidad pueden ser, en un momento dado, intercambia-
bles. En medio de la rutina irrumpe de pronto la duda acerca
de si la necesidad natural de la marcha de las cosas —y junto
con ella también y sobre todo de la forma social "natural" y
por tanto incuestionable de la vida— no será precisamente
lo contrario, la carencia de necesidad, lo aleatorio.

Los distintos juegos se pueden clasificar de acuerdo a la
medida en que participan en ellos el azar, por un lado, y
la intervención humana, por otro. El juego en tanto que
comportamiento "en ruptura" persigue la experiencia de
lo contingente, lo contra- o trans-natural de la autoafirmación del mundo de la vida social como una "segunda naturaleza"; pero lo hace a su manera, una manera extrema y
abstracta: busca el punto en el que la necesidad se revela ella
misma contingente y en el que la contingencia, en cambio,
resulta ser necesaria. En el juego, la posibilidad de alcanzar
con una acción una cierta meta improbable depende de dos
factores: el ingenio o la destreza corporal de quien la ejecuta,
por un lado, y la suerte o lo aleatorio, por otro. El resultado
de la acción, sea exitoso o fallido, llevará a la experiencia
propiamente lúdica de la imposibilidad de determinar cuál
de los dos factores fue el decisivo.

En los juegos de pericia o de ingenio —cultivados sobre
todo en el deporte— el jugador se alía con la necesidad y
pretende vencer al azar, dejarle, en virtud de su propio esfuerzo, un margen de intervención lo más estrecho posible.

En los juegos de azar, por el contrario, el apostador se alía
con el azar en contra de la necesidad; su intervención en la
acción que debe alcanzar lo improbable es mínima, apenas
una invocación y la espera angustiosa de un milagro.[1]

La vida cotidiana contiene en su transcurrir una infinidad de momentos, unos mínimos otros mayores, de ruptura
lúdica de la rutina. Todos ellos son momentos de crisis y
recomposición imaginaria de la incuestionabilidad de todas
las leyes naturales y, por tanto, también de aquellas artificiales que, dándose por naturales, sostienen, para bien y para
mal, el edificio social establecido.

En la ruptura festiva de la rutina el esquema de uso autocrítico del código que presenta el comportamiento humano es diferente. La irrupción del momento extraordinario es
en este caso mucho más compleja porque no conmociona
ya solamente a la vigencia en general de toda ley, sino a la
vigencia de una ley "encarnada", la ley de la subcodificación
identificadora del código. Lo que en la ruptura festiva entra
en cuestión no es ya solamente la necesidad o naturalidad
del código, sino la consistencia concreta del mismo, es decir,
el contenido del compromiso que instaura la singularidad,
individualidad, "mismidad" o identidad de un sujeto en una
situación histórica determinada.

Curiosamente, la experiencia de lo perfecto, lo pleno, acabado y rotundo —del platónico "mundo de las ideas"— sería

---

[1] En este sentido, los juegos de azar son el sustituto moderno del lado "numinoso" de la religiosidad. En el mundo organizado por la circulación mercantil y su incansable agente, el dinero, el juego de azar es, efectivamente, para
el apostador, la ocasión de entrar, a través de lo imaginario, en contacto directo
con el "valor valorizándose", con ese "Dios escondido", el de la "mano oculta"
que manda sobre el destino de los capitales privados; la ocasión de volver audi-
ble el diálogo sordo que mantiene con él en el ajetreo de los negocios.

una experiencia que el ser humano no alcanza en el terreno de la rutina, de la vida práctica productiva/consuntiva y
procreadora, en el momento de la mera efectuación, sino en
el momento de la ruptura y especialmente en el de la ruptura festiva o de reactualización de lo extraordinario como
"sagrado". Tal vez lo más característico y decisivo de la experiencia festiva que tiene lugar en la ceremonia ritual resi-
da en que sólo en ella el ser humano alcanza la percepción
"verdadera" de la objetidad del objeto y la "vivencia" más
radical de la sujetidad del sujeto. Parecería que, para estar
plenamente en el mundo —para perderse a sí mismo como
sujeto en el uso del objeto y para ganarse a sí mismo al ser
puesto por el otro como objeto—, el ser humano de la historia que vivimos requiere de la experiencia de lo "sagrado"
o, dicho en otros términos, del traslado al escenario de la
imaginación, del "paso al otro lado de las cosas".[2]

El vehículo por excelencia de este tipo peculiar de ruptura de la rutina es la ceremonia ritual, sea ésta la ceremonia
festivo-privada del erotismo o la ceremonia festivo-pública
de la religiosidad, de la convocatoria por "lo divino". En un

    [2] En la ceremonia ritual la experiencia del trance resulta indispensable
para la constitución de la experiencia festiva. Si este traslado no tiene lugar,
si el paso del comportamiento ordinario al extraordinario no se da mediante una sustitución de lo real por lo imaginario, esta experiencia no alcanza
a completarse. No parece haber, por ello, sociedad humana que desco-
nozca o prescinda del disfrute de ciertas substancias potenciadoras de la
percepción, incitadoras de la alucinación. La existencia humana —que implica ella misma una transnaturalización, un violentamiento (*bías*) que trasciende el orden de lo natural— parece necesitar este peculiar "alimento de
los dioses" del que habla Georges Bataille. Gracias a él, que violenta su
existencia orgánica, obligándola a dar más de sí, a rebasar lo requerido por
su simple animalidad, el hombre puede abandonar ocasionalmente el terreno de la "conciencia objetiva" (Sartre), internarse en el ámbito de lo fantás-
tico y percibir algo que, de otra manera, le estaría siempre vedado.

solo movimiento, esta ruptura destruye y reconstruye en el plano de la imaginación todo el edificio del valor de uso, todo el cosmos dentro del que habita la sociedad y cada uno de sus miembros; impugna y ratifica en un solo acto todo el conjunto de definiciones cualitativas del mundo de la vida; deshace y vuelve a hacer el nudo sagrado que ata la vigencia de los criterios orientadores de la existencia humana a la aquiescencia que les otorga lo Otro, lo no-humano. De todos los comportamientos "en ruptura", el festivo es el más consistente puesto que implica un momento de real abandono o puesta en suspenso del modo rutinario de la existencia cotidiana, un abandono que se afirma como alternativa de vida en el cumplimiento siempre repetido de su acción de acuerdo a un "calendario festivo".

En lugar de ser solamente un acto hasta cierto punto "inocente", como el del juego, dirigido a alcanzar la experiencia de la intercambiabilidad de lo necesario y lo contingente, el acto festivo está dedicado a anular y a restaurar, en un solo movimiento, la necesidad de la consistencia cualitativa del código, de su contenido, del tema del compromiso singular que le da concreción. En este sentido, la fiesta, en lo público y en lo privado, es la puesta en acto de una "revolución" imaginaria, es decir, de una abolición y una restauración simultáneas, en el más alto grado de radicalidad, de la validez de una configuración concreta de lo humano.

En las fiestas religiosas o eróticas, que son siempre, en mayor o menor medida, ceremonias rituales, pueden ser puestas en cuestión todas las normas de la subcodificación concreta y aun, a través de ellas, de la codificación humana en general. Desde los rasgos distintivos de la humanidad social, de la relación del ser humano con el cosmos, hasta las recetas de cocina y las reglas del vestir, pasando por las leyes

del parentesco, las técnicas amatorias, las normas de la sociabilidad, etcétera, todo puede suspenderse durante el tiempo
festivo, pero siempre con el objetivo de su reinstalación, de
la reposición de su validez, de su exaltación. De ahí la afinidad de estos actos festivos con los actos reales de revolución,
en los que la comunidad destruye y reconstruye una figura
de su socialidad. Porque de la fiesta a la revolución parece
no haber más de un paso. Sólo que se trata de un paso que
debería atravesar todo un abismo, el abismo que separa lo
imaginario de lo real.

Por último, la experiencia poética o estética. Aunque se encuentra conectada de manera muy estrecha con la experiencia
festiva de la ceremonia ritual —y a través de ella también
con la experiencia lúdica—, es, sin embargo, completamente
diferente de ella. En la experiencia poética o estética, el ser
humano intenta revivir aquella experiencia de plenitud que
tuvo mediante el trance en su visita al escenario festivo, pero
pretende hacerlo sin el recurso a ceremonias, ritos ni drogas:
retrotrayéndola al escenario de la "conciencia objetiva", normal, rutinaria. Intenta revivirla a través de dispositivos espe-
ciales que se concentran en el oficio del artista, destinados a
alcanzar una reproducción o mimetización de la perfección
del objeto festivo.

El artista sería, así, el productor de objetos o de discursos
capacitado excepcionalmente —por su disposición especial,
por su dominio de ciertas técnicas— para proporcionar a la
comunidad oportunidades de experiencia estética, mímesis
del objeto o la palabra festivos. El artista amplía la escala mínima, el ámbito de concreción íntimo en el que todos alcan-
zan a estetizar sus vidas privadas, en el que todos componen
las "condiciones objetivas" necesarias para el traslado de la
plenitud imaginaria de la vida y su mundo al terreno de

la experiencia ordinaria; composición que, al hacerlo, recompone en mayor o menor medida su vida cotidiana en torno a esa "interferencia" actualizadora de la experiencia festiva de "lo sagrado".

A tal grado el comportamiento "en ruptura" poética o estética resulta indispensable para la vida cotidiana, afirmándose como el más acabado de todos, que ésta lo genera constantemente de manera espontánea. Gracias a él tiene lugar algo semejante a una conversión sistemática de la serie de actos y discursos de la vida rutinaria en episodios y mitos de un gran drama escénico global; algo como una transfiguración (*Verklärung*) de todos los elementos del mundo de esa vida en los componentes del escenario, la escenografía y el guión que permiten el desenvolvimiento de ese drama. De esta manera, poetizada, estetizada por el uso que la persona hace de su cuerpo, la realización misma de su movimiento tiene lugar como la *performance* de un hecho "protodancístico", lo mismo que la inmersión en el tiempo de ese movimiento como la de un hecho "protomusical", la ocupación del espacio por sus desplazamientos como la de un hecho "protoarquitectural" y el trato con el volumen o el color de los elementos que circunscriben o que ocupan ese espacio como la de hechos plásticos de distinta especie, "protoescultóricos", "protopictóricos", etcétera. Poetizada o estetizada en ese drama cotidiano, el habla esboza ya los distintos géneros que los poetas sabrán desarrollar y consagrar con su arte.

El sistema de las artes

En la ruptura estética de la vida social, en la estetización espontánea del comportamiento cotidiano, es la fiesta en su conjunto, la ceremonia ritual completa, la que tiene que convertirse en un drama escénico; sólo así le es posible mimetizar efectivamente la experiencia de la plenitud del ser humano en su mundo. Este simulacro es justamente lo que se observa en la totalidad virtual que constituye el sistema en el que coexisten esas distintas proto-artes. Cada uno de los momentos y los elementos que integran el recinto y la consumación de la ceremonia ritual se convierte en el punto de partida de un arte posible. En efecto, tomada la vida social en su conjunto, las distintas artes "realmente existentes" y otras que se mantienen como "artes informales" están presentes como un solo proto-arte virtual global. No que exista o que sea posible (o deseable) algo así como el *Gesamtkunstwerk* —la "obra de arte total" que ambicionaba Wagner—, sino que en la vida cotidiana, en su estetización espontánea, todas las artes, incluso dándose la espalda las unas a las otras, colaboran virtualmente, involuntariamente, en un solo "hecho artístico" difuso que subsiste bajo el hecho efectivo de su materialización en las obras de arte reales.

Podríamos decir que hay en verdad tres ejes o perspectivas elementales de simbolización en los que se despliega el drama escénico virtual y espontáneo que intenta mimetizar a la ceremonia ritual, tres ejes de simbolización que "ajenizan" o "des-realizan" a la realidad cotidiana reconstruyéndola como imaginaria. El primero es el eje de la palabra o propiamente lingüístico, el segundo el eje del tiempo o de la significación del cuerpo y el tercero el eje del espacio o de

la significación del escenario. En la ceremonia festiva recons-
truida estéticamente acontece una serie de sucesos, tiene lugar
y ocasión una serie de actos. Alguien dice algo, pronuncia las
palabras necesarias para que tenga lugar la ceremonia ritual;
alguien se desplaza con un ritmo y en un contorno objetivo
determinados. Esa palabra, ese ritmo y ese contorno identifi-
cados concretamente indican las tres perspectivas simbólicas
elementales de la totalidad virtual de la estetización.

En la perspectiva de la simbolización espacial se desen-
vuelven las artes plásticas: la arquitectura, la pintura, la es-
cultura, etcétera; en la de la simbolización temporal, las
artes musicales: la danza, la música propiamente dicha, etcétera; y en la de la simbolización lingüística, las artes de la
palabra: las distintas figuras de la poesía, el drama, etcétera.

La pretensión de repetir como drama escénico la ceremonia ritual es imposible de alcanzar por el conjunto de las
artes: no hay manera de montar un drama escénico que sea
capaz de repetir la totalidad del hecho festivo. Y como no es
posible esta reconstrucción perfecta le queda a cada una de
ellas tratar de mimetizar la experiencia propia de esa ceremonia ritual sólo con sus propios medios.

La diferencia entre las proto-artes del sistema virtual y las
artes efectivas en estado puro proviene de la parcialidad necesaria de cada una de las perspectivas de simbolización. Dada
esta parcialidad ineludible, en cada una de las artes aparece
la tendencia a afirmarse no sólo como autónoma e independiente de las otras, sino como capaz de sustituirlas y de conver-
tirlas así en superfluas. Cada una de ellas reclama la capacidad
de reconstruir por sí sola, desde la perspectiva que le es propia, la totalidad de lo que acontece en la ceremonia festiva.

En el caso hipotético de una poesía pura, por ejemplo,
la poesía tendría que proponerse a sí misma como el único y

verdadero modo de mimetizar el acontecimiento de la fiesta.
Repetir la experiencia de la plenitud del mundo de la vida
tendría que ser, según ella, mimetizarla pero sólo en tanto que transfigurada en palabras. Todo lo que tenía lugar y
ocasión en la fiesta, todos los gestos y los movimientos, todo
el ambiente espacio-temporal, es decir, la composición concreta del lugar y la marcha concreta del tiempo, el discurso
mismo propio de la fiesta requerirían un modo óptimo de
aparecer en los resquicios de la rutina cotidiana, y ese modo
sería precisamente el de la palabra poética.

Su simbolización de orden puramente lingüístico se au-
topropondría como capaz de permutarse por todas las otras
simbolizaciones que estaban activas en el rito festivo.

Igual en la suposición de una música pura. Todo lo que
aconteció en la fiesta en otros registros de simbolización el
arte musical puro pretendería cifrarlo mediante la simbolización que él introduce en la experiencia del tiempo, con
la combinación secuencial, rítmica, de los sonidos cargados
de sentido concreto. Lo mismo sucedería también con unas
artes plásticas puras: intentarían "traducir" la totalidad de la
experiencia festiva al registro de la creación de espacios o del
juego icónico-cromático o icónico-táctil propio del sentido
concreto de esos espacios.

Hay que observar, sin embargo, que la pretensión de autosuficiencia de las distintas artes realmente existentes tiene
lugar al mismo tiempo que, paradójicamente, en el plano
virtual de las proto-artes prevalece una tendencia contra-
puesta: la tendencia a la complementación diferencial de
cada una de ellas en un solo sistema, el del "hecho artístico"
anónimo y virtual del conjunto de la sociedad en su vida
cotidiana. Un drama escénico virtual en el que todas las distintas proto-artes que uno pueda imaginar se encuentran en

proceso de definirse en términos diferenciales la una de la
otra. Hay una especie de repartición de "tareas" encaminada a la reconstrucción de la experiencia festiva como experiencia estética, como repetición de la totalidad ritual como
drama escénico. Ninguna de estas proto-artes se plantea a sí
misma como única y exclusiva, sino que está siempre supo-
niendo un diálogo con las otras proto-artes. La arquitectura
puede mimetizar ciertos aspectos de la experiencia festiva porque la música, porque la poesía están mimetizando otros. Si
no lo hicieran, la arquitectura sería diferente. Hay una repartición de funciones que está implicada en la constitución
de cada una de las artes, una división del trabajo en la construcción de algo, un drama escénico global, un *Gesamtkunstwerk* que nunca se construye efectivamente, que no llega a
existir realmente, que sólo existe bajo la forma de lo supuesto o lo virtual.

Así pues, cuando hablamos del sistema de las artes no
nos referimos a un conjunto de artes que pretendieran en algún momento confluir y constituirse en una sola gran obra
de arte colectiva sino, al revés, de algo que precede a toda
posible combinación de las distintas artes: la afirmación de
la posibilidad de repetir la ceremonia ritual como drama escénico, afirmación que, salvo en el caso hipotético de las artes
puras, se presenta como una combinación o mezcla de una
perspectiva de simbolización dominante con una o ambas
de las otras perspectivas de simbolización.

Esto es, por ejemplo, lo que acontece con la danza, donde
lo que está en juego es la figura efímera del desplazamiento
del cuerpo humano en el espacio. Aquí (sobre todo en la danza que obedece a la música exterior) la combinación equita-
tiva y en principio autosuficiente del eje espacial con el eje
temporal de simbolización no llega, sin embargo, a prescindir

del eje de simbolización lingüística; aunque en ella nunca se diga nada, la palabra poética también está presente. En la construcción coreográfica y, por tanto, en todo el hecho dancístico hay una presencia no por sutil menos determinante de la palabra poética.

Esta combinación de perspectivas de simbolización es diferente en otras artes. En el teatro, por ejemplo, podría decirse que hay un predominio alternado de la simbolización poética y de la espacial cuestionado permanentemente por el de la temporalidad. La reconstrucción simbólica se encauza aquí más por el decir de la voz y la ubicación del acontecer, y deja a la musicalidad, al juego con la concreción del tiempo, ocupada en el cambio de ubicación de los personajes y sobre todo en la determinación del ritmo del acontecer escénico.

Podríamos decir que cada una de las artes se desenvuelve en uno de los ejes de simbolización como eje privilegiado y combina o permuta lo que podría suceder en los otros ejes pero trasladándolo o "traduciéndolo" al primero. De lo que se trata en verdad es, en cada caso, de un intento de concentrar metonímicamente el conjunto de la experiencia de la ceremonia ritual en tanto que es sólo como tal que la mímesis de la experiencia de la plenitud subjetivo-objetiva parece posible.

Así, en lugar de un drama escénico total, que resulta imposible en la realidad, aparece un drama escénico puramente supuesto o virtual dentro del cual cada uno de los artistas estaría haciendo su parte y al hacer su parte estaría reformando esa totalidad virtual a la que hace referencia.

El arte no puede hacer un doble efectivo de la ceremonia festiva. La mímesis es en principio imposible; la construcción de un drama escénico capaz de sustituir a la ceremonia ritual, de ponerse en su lugar y repetir la experiencia de la fiesta como trance o traslado a lo imaginario, es imposible. Lo que en cambio sí es posible es reconstruirla como una "realidad" puramente virtual, dar por supuesta una versión artística de la ceremonia festiva, la existencia de un drama escénico sintetizador en referencia al cual cada una de las artes se asumiría, "monádicamente", como una parte del mismo pero también como todo él.

La experiencia de la totalidad de la fiesta sólo puede repetirse como experiencia de una totalidad virtual en los términos reales de cada una de las artes. Cada una de las artes está obligada, así, a "deformar" la figura perfecta de lo que debería ser una traducción completa, como drama escénico global, de la ceremonia festiva; está obligada a hacerlo porque tiene que elegir uno de los ejes de simbolización, el espacial, el temporal o el de la palabra, para desarrollar su propuesta de experiencia estética. Y está obligada, además, a hacer de esa "deformación" una virtud, a trabajarla de tal manera que haga superflua toda añoranza de la perfección traicionada.

Cada una de las artes debe, así, proponer su propia capacidad de simbolización como aquella que puede, si no sustituir, sí al menos subordinar esencialmente a las otras. En el caso de la poesía, por ejemplo, todo lo que se experimentó en la ceremonia festiva como una abigarrada síntesis de lugares y palabras, de colores y movimientos, tiene que ser "traducido" a la sola dimensión de la palabra, y no sólo "traducido" a ella sino además "convencido" de que así, en su "traducción a poesía", es como está presente de mejor manera en la experiencia estética.

La poesía no necesita de colores para darnos una cierta experiencia de la plenitud del color o de la plenitud del sonido; es precisamente el uso poético del lenguaje el que nos va a entregar la experiencia del color festivo sin ver un color para nada y la del tiempo concreto sin escuchar el menor sonido; será a través del juego de las palabras que se sustituya la experiencia de la plenitud del color y del sonido; en ella lo plástico —lo espacial— y lo musical —lo temporal— están siendo sustituidos por la palabra, por lo lingüístico.

La música, por su parte, sin palabras, sin ningún manejo del espacio, es capaz de entregarnos significados espaciales o lingüísticos, que corresponderían a las otras perspectivas de simbolización; propone a su propio eje de simbolización, el del tiempo, como el eje capaz de sustituir al espacial o al de la palabra. La experiencia de la plenitud plástica o la plenitud lingüística, la música nos la da con sus propios medios, la sucesión de los sonidos, usados en una mímesis del tiempo concreto ritualizado.[3]

El sistema de las artes no es un sistema real que se construya a partir de unas artes que ya existen sino un sistema que está supuesto como necesario, que está virtualmente allí, sutilmente indispensable en la existencia de todas y cada una de las artes. Cada una de ellas supone que las otras están traduciendo lo festivo de una cierta manera; si lo estuvieran haciendo de otra manera cada una cambiaría entonces su propia "traducción". Se trata de un juego complejo de

---

[3] Esta distorsión en el abordaje de los otros ejes de simbolización es necesaria porque el todo de la estetización social sólo puede hacerse manifiesto si una parte de él se pone en su lugar. Los numerosos intentos que conoce la historia del arte de hacer efectivo el drama escénico global han paliado su fracaso ineludible mediante el recurso al eclecticismo. La ópera es sin duda un intento logrado en tanto que género artístico ecléctico —combinación de una serie de artes—, pero fracasa cuando se presenta como *Gesamtkunstwerk*, transgrediendo las normas del eclecticismo. (El saber atenerse a ellas ha sido tal vez la clave del éxito del arte cinematográfico en el siglo xx.)

definiciones diferenciales dentro de la totalidad virtual que presenta innumerables figuras en un panorama de individuaciones concretas también innumerables, como es el de la historia de la cultura.[4]

El juego, la fiesta y el arte son realizaciones prácticas de la actividad cultural, se encuentran en el comportamiento humano, dentro de la producción y el consumo de cosas, de la emisión y recepción de significaciones en estado práctico. Es en la práctica que el ser humano se comporta de manera lúdica, ceremonial y estética. Sin embargo, como sabemos, su comportamiento práctico se encuentra siempre no sólo acompañado sino "intervenido" por el discurso.

Hay un discurso que acompaña como sombra o como doble a todos estos comportamientos "en ruptura", un discurso que es un modo de uso de la lengua y que lo mismo transmite con su forma específica las orientaciones del *lógos* para lo no-lingüístico que las determinaciones provenientes de éste y que actúan sobre aquél.

Si se atiende al discurso o la producción y consumo de significaciones lingüísticas, al uso de la lengua sobrecodificada

---

[4] La historia conoce casos muy diferentes de sustitución, permutación y distribución de tareas entre las distintas artes. No todas las épocas han tenido siempre las mismas artes ni a todas ellas con la misma organización jerárquica. Por el contrario, cada una de las épocas propone una estructura diferente para esta totalidad virtual de las artes cuando construye este drama escénico imposible pero al mismo tiempo indispensable que es el único capaz de "repetir" la ceremonia ritual y de convertir la experiencia festiva en una experiencia estética.

por un subcódigo —es decir, de las lenguas naturales idioma-
tizadas que hablamos todos los días—, pueden encontrarse
también dos tipos del mismo claramente diferenciados. Por
un lado, el discurso pragmático, que es obviamente el que
acompaña a la rutina productivo-consuntiva; por otro, el
discurso en modo "de ruptura", dentro del cual pueden distinguirse tres subtipos básicos que serían el discurso científico, el discurso mítico y el discurso poético.

El discurso que acompaña a las operaciones rutinarias es
el discurso del "cómo hacer", lo mismo técnico que moral,
para alcanzar las metas de la reproducción social. Se trata de
un discurso cuyo cuestionamiento del código se cuida de no
rebasar los límites de rendimiento del mismo, que cultiva
la prohibición estratégica de subordinar la función sémica
a la metasémica en el proceso comunicativo. Es un discurso
estructuralmente "reformista", apologético de la suspensión
del tiempo extraordinario, que acompaña al modo "inerte" de
ejercicio de la libertad.

Sólo en el tiempo de la ruptura aparece el uso creativo
tanto del código del comportamiento práctico como de la
lengua. Es el uso que acompaña como un doble a la producción de experiencias lúdicas, festivas y estéticas.

El primero, el más básico, aparece conectado con la realización del juego; es el discurso científico en su forma más
pura, el discurso de la matemática y de la matematización
de todo el mundo de la vida, lo mismo del universo físico
que del social.

La verdadera investigación científica puede verse como
una extensión del comportamiento lúdico. Su creatividad es
un resultado de lo lúdico. Sólo en la perspectiva en la que se
cuestiona la incuestionabilidad de lo incuestionable, como
es la del juego, en la que se crean universos de reglas en los

que hay un cumplimiento de éstas que llega a coincidir con su abolición, en los que la necesidad de un código llega a confundirse con su contingencia, aparece la necesidad de un hablar científico sobre el mundo, sobre la estructura técnica del medio de producción y sobre el comportamiento productivo del "factor subjetivo".

El discurso mítico, en cambio, acompaña a la ceremonia ritual en lo que tiene de ruptura festiva, el que se genera en ella con necesidad.

La ruptura festiva se cumple mediante la organización de todo un espacio ceremonial y un acontecer ritual que re-construyen al mundo como mundo imaginario a fin de que ahí tenga lugar el trance que saca a los humanos de su existencia rutinaria. Es una ruptura que no puede darse sin el aparecimiento de un discurso propio, que es el discurso mítico, un discurso que, por su parte, no puede narrarse ni escucharse "en frío", que requiere ciertos recursos, de embriaguez, de complicidad, que sólo están disponibles en una circunstancia festiva.

Este discurso acompaña a la actividad que cuestiona la concreción de la forma social, la singularidad cualitativa del mundo de la vida, con el fin último de ratificarla, y lo hace a la manera de un cuento o una narración que busca y encuentra un episodio singular capaz de volver convincente la necesidad de esa concreción y esa singularidad.

El discurso poético, en cambio, acompaña a los momentos de experiencia estética; los que se dan gracias a una actividad práctica destinada a atraer lo extraordinario-imaginario al plano de la rutina cotidiana. Aparece junto con la organización arquitectónica del espacio, con la organización musical de los sonidos, con la organización pictórica de los colores, etcétera; junto con esa práctica que reacomoda el mundo de las cosas para reproducir la fiesta, sea ésta pública o privada, religiosa o erótica, como un drama escénico virtual.

Los cuentos que se inventa el discurso mítico son sobre todo de dos tipos: el uno de alcance épico-legendario, y el otro de alcance mágico-religioso.

El discurso épico-legendario cuenta de manera obsesiva, en el ambiente exaltado de la fiesta, una serie indefinida de sucesos en los cuales la comunidad o uno de sus miembros —y especialmente su constitución, su singularidad concreta, su identidad— entró en peligro y salió avante, triunfador. Éste es el esquema constante del mito épico-legendario.[5] Por ello, el discurso épico por lo general festeja las proezas que tuvieron lugar en el foro de la vida íntima o de la vida colectiva —proezas lo mismo amatorias que guerreras— de quienes fueron los protagonistas de los episodios narrados en él.

El discurso mítico de alcance mágico-religioso es más complejo. Su narración, su cuento, no versa propiamente sobre las aventuras de la comunidad o de sus héroes, sino sobre hechos o acontecimientos en los cuales se pone en evidencia la necesidad "natural" —de segunda naturaleza— que posee la forma singular y concreta de la comunidad, la subcodificación que sobredetermina al código de lo humano. Son cuentos que narran generalmente sucesos acontecidos en tiempos primigenios, en los que la comunidad se fundó al inaugurar ciertos usos y costumbres, al introducir ciertas formas para la vida cotidiana; sucesos de consistencia singular que justificarían estas formas porque las muestran como resultado de un contacto de la comunidad con lo Otro, con

---

[5] Fuera de la fiesta, fuera del recinto imaginario, el relato legendario resulta repetitivo, cansado. Sólo en los oídos ajenos adquiere un valor estético, a partir justamente de que a ellos les resulta enigmático, impenetrable.

lo numinoso, en el que el modo de humanidad de ésta fue aceptado por él.

En este sentido, estos mitos mágico-religiosos —entre los que destacan los de fundación— son mucho más crípticos y enigmáticos, más fascinantes, que los puramente épicos. En efecto, lo que ellos intentan demostrar es que la forma de lo humano que caracteriza a su comunidad es la mejor forma imaginable. Son una especie de elogio de la coherencia y la necesidad de la propia subcodificación, de la propia identidad concreta. Se presentan como un cuestionamiento de la totalidad de la vida cotidiana —que sin ellos no se plantearía— y como una respuesta al mismo. En los mitos de fundación o de origen, particularmente aquello que es lo más obvio y espontáneo en esa vida, los criterios, los gustos, es relatado, en un primer estrato narrativo, como arbitrario, como algo que pudo no haber sido tal como llegó a ser —"¿por qué hacemos esto y de esta manera y no otra cosa o de otro modo?"—; pero, simultáneamente, en un segundo estrato, es relatado también, acorde con la función restauradora y justificatoria que tiene la fiesta dentro de la práctica cotidiana, como algo que, de no ser así, dejaría a los humanos en la ausencia de forma, en el vacío, en el caos.

Cabe destacar que en el Occidente cristiano los mitos eróticos, los de la "religiosidad entre dos" (que suelen ser tres), tienden a ser más frecuentados que el mito bíblico dado que deben justificar un rasgo de identidad muy forzado y precario, el que reduce la presencia de lo erótico al amor definitivo de la pareja heterosexual.

El discurso poético, finalmente, sería el que hace del discurso mítico el "material" con el que conforma su propio contenido. Se puede decir que sin un discurso mítico no habría el discurso poético en cuanto tal. Pero la forma del uso poético de la lengua es una "forma de forma"; la poesía parte del mito como de un trasfondo pleno de sentido al que "trabaja" hasta convertirlo en la substancia de su propia creación. El lugar propio del discurso mítico, aquel donde es propiamente significativo, está en el terreno de lo imaginario realizado. En el ámbito de la ceremonia festiva —íntima o colectiva—, el discurso poético trae al terreno de la rutina cotidiana, al lenguaje normal, común y corriente, aquello que se volvió "decible" en ese escenario festivo.[6]

Así como el arte sólo revela lo que es cuando se lo pone en referencia a la fiesta, así también el discurso poético no puede entenderse sin el discurso mítico. El arte no puede vivir sin la fiesta; vive de mimetizar el tiempo de la fiesta en el tiempo rutinario. De igual manera, el discurso poético saca la consistencia de sus significados de la forma que ellos tienen en el discurso mítico; los saca para elaborarlos de tal manera que la experiencia del cuestionamiento y la ratificación del subcódigo pueda hacerse ya no en términos del acceso y la pérdida de uno mismo en lo imaginario, en la ceremonia religiosa o erótica, sino mediante la atracción y la inclusión de lo imaginario dentro de lo rutinario.

---

[6] Podría decirse que el discurso filosófico, que es sin duda un discurso de la cotidianidad "en ruptura", es un discurso ecléctico que parte, como el discurso poético, del discurso mítico, pero que, en lugar de asumir lo "decible" descubierto por éste y retrabajarlo, lo somete a la acción crítica del discurso lúdico.

El discurso político, por su parte, aunque suene paradójico, no sería por sí mismo un discurso "de ruptura". Sería el discurso de la institucionalización de la palabra que se pronuncia en el momento extraordinario de la existencia social, de la rutinización de lo extraordinario. Parecido a éste, el discurso religioso sería el discurso que politiza al discurso mítico, que traduce lo descubierto en la ceremonia ritual a los términos de la rutina política.

Bibliografía

Adorno, Theodor W., *Ästhetische Theorie*, Suhrkamp, Frankfurt a. M., 1970. (Trad. esp.: *Teoría estética,* Taurus, Madrid, 1971.)

Bataille, Georges, *L'érotisme*, Minuit, París, 1957. (Trad. esp.: *El erotismo,* Tusquets, Barcelona, 1979.)

Benjamin, Walter, "Das Kunstwerk im Zeitalter seiner technischen Reproduzierbarkeit", en Theodor W. y Gretel Adorno (eds.), *Schriften*, 2 vols., Frankfurt a. M., 1955. (Trad. esp.: *La obra de arte en la época de su reproductibilidad técnica*, Itaca, México, 2003.)

Eliade, Mircea, *Le sacré et le profane*, Gallimard, París, 1965. (Trad. esp.: *Lo sagrado y lo profano,* Labor, Barcelona, 1992.)

Huizinga, Johan, *Homo ludens,* Rowohlt, Hamburgo, 1938. (Trad. esp.: *Homo ludens,* Emecé, Buenos Aires, 1957.)

Lévi-Strauss, Claude, *Anthropologie structurale*, Plon, París, 1958. (Trad. esp.: *Antropología estructural*, Eudeba, Buenos Aires, 1977.)

Lissa, Zofia, *Über das Spezifische der Musik*, Henschelverlag, Berlín, 1957.

Möbius, Friedrich (ed.), *Stil und Gesellschaft*, Verlag der Kunst, Dresde, 1984.

Rougemont, Denis de, *L'amour et l'Occident*, Plon, París, 1939. (Trad. esp.: *El amor y Occidente,* Sur, Buenos Aires, 1959.)

Sánchez Vázquez, Adolfo, *Invitación a la estética*, Grijalbo, México, 1992.

Volpe, Galvano della, *Critica del gusto,* Feltrinelli, Milán, 1960. (Trad. esp.: *Crítica del gusto*, Seix Barral, Barcelona, 1966.)

Digresión 2

ORIENTE Y OCCIDENTE

La ESTRUCTURA del proceso de reproducción social sólo existe como tal en tanto que actualizada en la historia del compromiso en torno a una figura singular de su realización, compromiso que es precisamente el que le otorga su concreción.

La primera determinación concreta que puede asumir el proceso de reproducción social es aquella que responde a la situación de escasez absoluta que lo Otro deparó en tiempos arcaicos a lo humano, determinación que lleva a que unas configuraciones del mismo se distingan frente a las demás por el tipo de productivismo que les fue dado desarrollar en sus respectivas situaciones singulares, es decir, por el tipo de organización del conjunto de su vida en torno a la producción, el mantenimiento y la acumulación del producto excedentario.

En términos estructurales, la restauración física del sujeto como autorrealización política del mismo sería el *télos* último del proceso de reproducción social, el centro en torno al cual giraría toda su actividad. Esto, sin embargo, en los términos de la historia real que conocemos, no se ha dado en ninguna parte. Sólo lo encontramos en el terreno del discurso planteado como un pasado idealizado o como una posibilidad futura.

Lo que podemos reconocer históricamente es la presencia de procesos de reproducción que, lejos de estar centrados en el momento final de las dos fases reproductivas, es decir, en el momento del disfrute físico y la realización política del sujeto, lo están en un punto intermedio del proceso, en el logro del producto, de un excedente del mismo como conquista que ha venido a ocupar para ellos el lugar de *télos* último. Este descentramiento o corrimiento del *télos* final del

proceso de vida humano es fundamental para la concreción
del proceso histórico.

Nos referimos con esto a lo que habíamos mencionado
anteriormente en referencia al concepto de escasez. Habíamos
dicho que en la historia arcaica o neolítica el sujeto social se
enfrenta a una "naturaleza" que no le acepta su intento de
modificarla como él quiere y no como ella lo tiene dispuesto, y que es más poderosa que él, que se niega de plano a
transformarse según el diseño que él ha definido como favorable para su reproducción. Una naturaleza que, al resistirse
a la acción del sujeto humano, al plantarse de manera hostil
o escasa frente a él, impide que el proceso de la reproducción
social se cumpla de acuerdo al sentido estructural de toda
reproducción. En la medida en que la consecución del producto, esto es, la transformación de la naturaleza que el sujeto
social desea alcanzar, implica vencer una resistencia que se
presenta como invencible, esa consecución, en cuanto tal,
se convierte en representante simbólica del momento final
—el de consumo o disfrute del producto— y adopta la ubicación de momento fundamental de la existencia del sujeto social. Tal será la importancia que adquiera el trabajar en
las sociedades productivistas que superará a la que le corresponde estructuralmente al disfrutar, que hará a éste parecer
secundario. Lograr el producto equivaldrá a "haber logrado
ya" la satisfacción. En ciertos casos y de cierta manera, el
consumir llegará incluso a ser sustituido por el producir.

Sobre la base del aparecimiento de la modificación productivista del proceso de reproducción social se establece
lo que podríamos llamar la primera gran división de los modos históricos del proceso de reproducción social, la primera
constitución de una identificación concretizadora. En este
primer nivel de elección civilizatoria es donde comienzan

a distinguirse las dos diferentes modalidades históricas que solemos reconocer en la distinción entre sociedades occidentales y sociedades orientales.

Por lo general, las comunidades arcaicas tienden a vivir en el cosmos que ellas han descubierto como posible, pero apartándose las unas de las otras. En estas comunidades, todo subcódigo identificador del código de la reproducción social es profundamente absolutista, pretende organizar bajo la forma de su mundo, sin dejar residuo alguno, todo lo que aparece en su campo de percepción. La tendencia a convertirse en absoluta y, en última instancia, a someter bajo la suya propia a cualquier otra forma posible de humanidad es una tendencia general de toda estrategia de reproducción social. Existe, así, una ambición fundamental, de alguna manera "imperialista", en toda forma concreta del proceso de reproducción social, la de integrar no sólo a todo sino también a todos dentro de su cosmos.

La coincidencia ineludible —pues el planeta es en definitiva un espacio limitado— de múltiples formas concretas del proceso de reproducción social en un mismo territorio abre inevitablemente la posibilidad y la tendencia de un proceso de conformación de una sola humanidad a partir de esa multiplicidad de esbozos de humanidad implicadas en cada una de las formas del proceso de reproducción social. Se inaugura con ello la historicidad de la reproducción social.

Este encuentro conflictivo de los múltiples esbozos de forma del proceso de reproducción social se resuelve, de acuerdo a lo que podemos reconocer en la historia arcaica —que comenzó en el África central (según las hipótesis más aceptadas) y se desarrolló a través de una migración lenta, milenaria, en dirección al Oriente, "adonde se levanta el sol"—, de dos maneras fundamentales completamente contrapuestas: la manera oriental y la manera occidental.

La primera —a la que Marx dio en llamar "asiática"— consiste fundamentalmente, vista como un modelo ideal puro, en la constitución de una sola gran comunidad a partir de las múltiples comunidades que se enfrentan las unas a las otras en el mismo territorio; en la constitución de un solo gran sujeto social con base en la conjunción de múltiples comunidades más o menos homogéneas, alcanzando, con ello, una concentración de medios de producción que lleva al trabajo global a potenciar su productividad. La vía asiática en la constitución productivista del modo de la reproducción social se da sobre la base de lo que Marx llama una "cooperación orgánica" de múltiples comunidades, es decir, la participación coordinada de un cierto número de ellas en el manejo de un solo gran medio complejo de producción. La primera estrategia productivista determina que distintas comunidades se constituyan en elementos de un solo sujeto orgánico que trabaja de manera unitaria sobre un gigantesco medio de producción para enfrentarse globalmente, de una manera supra-comunitaria, a la naturaleza. Son sociedades cuyo destino está ligado, por ejemplo, a grandes obras hidráulicas (como las describe Wittfogel en el caso de China); sociedades en las cuales todo el proceso de producción y consumo se centra en la posibilidad de regular el uso del agua, de construir inmensos diques, una intrincada red de canales...

Lo distintivo de esta modalidad "despótico-asiática" de la reproducción social productivista está en que se constituye sobre la base de un medio de producción de tecnología relativamente simple, frenada en sus posibilidades de desarrollo pero de gran magnitud y complejidad, un medio de producción necesitado de inmensas cantidades de fuerza de trabajo, especializada y jerarquizada y dotada de una organización sumamente elaborada. La cooperación orgánica dentro del sujeto de trabajo implica una participación perfectamente coordinada de todos los elementos que lo conforman en la realización de una sola gran tarea productiva destinada a responder a un sistema de necesidades altamente diferenciado que mantiene su figura inalterable a lo largo del tiempo, protegida contra el cambio, que proyecta su sombra estática sobre el bien producido que debe garantizar la supervivencia de esa gran comunidad de comunidades.

Éste es el fundamento de la historia de los grandes imperios asiáticos, historia de una temporalidad sumamente lenta, incluso, paradójicamente, detenida en lo que respecta a la transformación estructural del proceso de reproducción. Marx se refiere a procesos en los cuales la noción misma del tiempo y la experiencia de la historia presentan peculiaridades que son completamente ajenas a la temporalidad y la historicidad de la otra gran opción civilizatoria, la occidental. En esa "sociedad asiática" rige un tiempo lento y circular en la medida en que constantemente un mismo esquema de la producción/consumo se repite sin cesar, sin ninguna modificación considerable en la aproximación técnica a la naturaleza, y sólo con grandes movimientos de relevo o sustitución dinástica en la entidad organizadora de la fuerza de trabajo, y que, por lo demás, son provocados por lo general por cataclismos naturales.

Es necesario también indicar, como otra característica fundamental de esta modalidad oriental del productivismo, que la especialización de los individuos sociales o de las comunidades integradas en ese gran sujeto social comunitario es una especialización de orden técnico-religioso. Las distintas

funciones productivas estructuradas orgánicamente reciben
una determinada calificación de acuerdo a la importancia que
tiene cada una de ellas dentro de una estrategia cuya prio-
ridad es la de mantener el pacto con lo Otro que permite a
la comunidad vencer una y otra vez al caos que la amenaza.
Por ello, la división de funciones productivas es también, al
mismo tiempo, una división de jerarquía político-religiosa,
la cual, debido a los requerimientos organizativos de un sujeto social de esta complejidad, se corresponde con el ejercicio de una autoridad piramidal y despótica. El sujeto social
es, así, un sujeto social estratificado en este sentido religioso, es decir, en castas con determinadas divisiones verticales
de acuerdo a principios técnico-religiosos.

Podríamos llamar productivista concreta a esta primera
versión histórica del proceso de reproducción social. Concreta, en la medida en que un conjunto de valores de uso perfectamente configurado es el que representa al sujeto social
como sujeto que va a reproducirse y a realizarse. Las orientales son sociedades que tienden a definir su identidad en
fidelidad a la figura concreta más primigenia, la que se refiere a un conjunto terminado de bienes; son sociedades que
insisten en ser "del maíz", "de la papa", "del arroz", "del trigo", etcétera.

La otra versión del productivismo, a la que llamaríamos
productivista abstracta, es aquella cuya singularización concreta tiene lugar en la historia occidental, la de las sociedades que abandonan el itinerario fundamental que lleva del
lugar de origen africano hacia el Oriente asiático y el extremo
Oriente americano, y se desvían a medio camino, de regreso
adonde se pone el sol (*abend-land*), a Occidente, un Occidente que rodea por el norte al mar Mediterráneo y que
parece poder competir con la meta oriental en la promesa

de la abundancia. Aquí, el enfrentamiento de las múltiples culturas comunitarias, las múltiples versiones de sociedad humana, se realiza, previo fracaso de la solución oriental, a través de un "método" completamente diferente, precursor del de la modernidad y la "muerte de Dios", que parte de Prometeo, de la destrucción de la administración teocrática de la tecnología (el "fuego"), y de Teseo, de la anulación del fundamento mágico del poder político (el "Minotauro"). En lugar de generarse aquella exageración y magnificación "orientales" del sujeto social comunitario como entidad organizada piramidal y despóticamente, en lugar de ese crecimiento monstruoso del sujeto omnipotente, en Occidente acontece algo completamente diferente y no menos monstruoso: el desmembramiento del sujeto comunitario como tal.

Aparece la privatización o atomización del proceso de reproducción social. En esta versión abstracta del productivismo, el proceso de producción mantiene una determinada división del trabajo, hay una determinada cooperación del conjunto de individuos sociales, sean éstos individuos sociales singulares o colectivos (familias, tribus). Pero es una colaboración en exterioridad, no orgánica, que se da por la concatenación casual, mediada por la circulación mercantil, de los diferentes enfrentamientos privados con la naturaleza. En el proceso de trabajo, estos individuos sociales mantienen una relación que Marx llama de "cooperación heterogénea". No se trata de una sola gran tarea que deba ser cumplida por un solo macrosujeto social, sino, por el contrario, del enfrentamiento generalizado de todas las comunidades o de todos los elementos del sujeto social, cada uno por sí mismo, con la naturaleza, mediante el empleo de medios de producción de una medida al alcance del productor privado.

Aquí también lo primordial está en alcanzar el producto, un producto que viene a representar o a suplantar al sujeto en su momento propiamente consuntivo. Pero este producto carece de una síntesis cualitativa concreta; su ser útil en general sólo posee una definición cuantitativa: es un objeto que acumula en sí una determinada cantidad de trabajo realizado, un determinado valor económico.

La reproducción social se determina como un proceso productivista abstracto en la medida en que todos y cada uno de los miembros del sujeto social desmembrado actúan dentro de su especialización con un objetivo económico fundamental que es el de acumular riqueza en términos abstractos, como valor económico bajo la forma de dinero.

En el Occidente, visto como un modelo ideal puro, deja de existir la organización proyectada y determinada en términos religiosos y productivos de las sociedades orientales. La sociedad deja de adjudicar identidades a sus miembros ubicándolos en las distintas castas de su cuerpo piramidal. Cada uno de los miembros del sujeto social desmembrado o privatizado alcanza su identidad por iniciativa y esfuerzos propios dentro de un sistema de especialización técnico-económica: cada uno de ellos es la personificación de aquello que puede hacer con provecho.

La historicidad que aparece en esta segunda versión de la concreción histórica productivista es de un tipo completamente diferente a la del productivismo asiático. Aquí el tiempo no es circular o repetitivo, sino lineal y abierto al progreso; además, es un tiempo que está sometido a una aceleración cada vez mayor. En el proceso de reproducción en términos productivistas privatizados o abstractos, la consecución del producto está supeditada al incremento constante de la efectividad del medio de producción. La relación técnica del sujeto con la naturaleza, su efectividad, es la que decide en cada caso privado la consecución mayor o menor de ese producto abstracto, de ese valor en dinero, que es lo que justifica en definitiva toda la realización del proceso reproductivo.

La característica fundamental de estos procesos abstractos de reproducción productivista está en que la estrategia de enfrentamiento a la naturaleza, de constitución de la productividad del trabajo, no se centra en la organización del sujeto, como en Oriente, sino en el perfeccionamiento técnico del medio de producción y particularmente de los instrumentos de trabajo. En ellos el productivismo redunda en una necesidad especial de producir innovaciones técnicas para los medios de producción. Es necesario perfeccionarse en la especialización en tanto que productor, y es necesario perfeccionar el instrumento de trabajo a fin de lograr mayor productividad, de alcanzar cada vez más producto intercambiable, más y más riqueza abstracta. Esta necesidad de un perfeccionamiento técnico de los medios de producción es precisamente la que impone al tiempo rectilíneo propio de la historicidad occidental el sentido de un progreso indetenible.

Definidos así, como dos tipos ideales, como dos modos de vida que tienden al predominio sobre sus respectivas sociedades reales, y no como generalizaciones de realidades empíricas efectivas, tenemos dos modos de existencia completamente diferentes del sujeto social y así también dos modos de temporalidad, dos historicidades diferentes. En el uno hay un sujeto social global comunitario, perfectamente organizado y protector, pero conservador y despótico; en el otro, la ausencia de un sujeto social global, el desperdigamiento y desamparo de los procesos de reproducción privados, pero también la emancipación de la capacidad innovadora

del comportamiento humano. En ambos casos prevalece como meta final la de llegar al producto, en la medida en que
el producto es la garantía del disfrute y la autorrealización,
aunque de hecho ha relegado a éstos a un segundo plano. En
el primer caso se trata de lograr un producto que es siempre
concreto, el bien global en el que se reconoce como en un
espejo la identidad de esa inmensa comunidad oriental. En
el otro caso, el imperativo es lograr un producto en abstracto, el dinero, es decir, el producto que permite cualquier
tipo de sustitución y combinación de valores de uso para la
satisfacción de cualquier elemento de las necesidades, dentro
de una vida productivista obligada a un progreso rectilíneo.

    ¿De qué manera se refleja esta distinción fundamental
entre Oriente y Occidente en lo que es propiamente la dimensión cultural de la vida social? Habíamos indicado que
la identidad concreta del sujeto y el objeto, de las fuerzas
productivas, está marcada en la peculiaridad del código inherente a los medios de producción, y que la dimensión cultural consiste precisamente en el cultivo autocrítico de esa
identificación concreta del código.

    En cada uno de los dos tipos de historicidad mencionados,
esta identidad elemental, proveniente de una elección estratégica no sólo divergente sino contraria frente a la escasez,
de un productivismo de signo contrapuesto, el momento
crítico o cultural de la reproducción de la identidad va por
supuesto a ejercerse de manera completamente diferente.

    En primer lugar, en la modalidad oriental del proceso
de reproducción productivista tiene lugar una compleji-
zación acumulativa de la subcodificación unificadora del
código común a partir de la integración en ella de determinadas excepciones que dan cuenta de ciertos elementos provenientes de las otras subcodificaciones propias de las otras

comunidades que entran a formar parte de la gran comunidad. La subcodificación actúa desde un solo inmenso medio
de producción complejo que va desde el lugar en el que cada
uno de los miembros reproduce su fuerza de trabajo hasta
la totalidad del territorio ocupado por la comunidad. Todo
el mundo de la vida es un solo medio de producción/con-
sumo en estas sociedades. En la medida en que el código de
funcionamiento de este medio de producción inmenso se
vuelve cada vez más complejo, es un código que sólo puede
ser usado en términos globales por la comunidad como un
todo, en especial por la punta de su cuerpo piramidal.

La homogeneización y complejidad de varios proyectos
de organización, y de distintos usos del mismo tipo de medios de producción o instrumentos de producción, implica
necesariamente una diferenciación del sujeto social en términos de un acceso a lo esotérico, a la posibilidad de usar ese
código complejo. Hay ciertas posibilidades de hacerlo que
solamente son asequibles a las castas superiores, las únicas a
las que les está dado descifrar los mecanismos esotéricos de
la técnica mágica.

El medio de producción rebasa necesariamente toda perspectiva privada. Ningún miembro aislado tiene absolutamente ninguna posibilidad de aprehender toda la complejidad
del funcionamiento de ese inmenso medio de producción, de
ese instrumento que se confunde con el cuerpo objetivo, con
la riqueza, con el cosmos de esa comunidad.

En el proceso occidental, por el contrario, se simplifican
las complejidades arcaicas que tenía el código inherente al
campo instrumental en la medida en que, al no funcionar
ya el sujeto social global, la relación técnico-mágica con la
naturaleza pierde su función religiosa, su carácter de soporte
de la jerarquía social. La subcodificación se simplifica, se

vuelve menos ampulosa y exigente, más transparente y manejable para el habla o el uso privados. El manejo de los medios de producción no requiere la presencia comunitaria e inabarcable de todos los trabajadores. Ahora es un miembro o un conjunto privado de miembros de la sociedad el que está efectivamente cumpliendo determinadas tareas productivas, empleando medios instrumentales sobre los cuales puede tener una comprensión técnica plena.

Por otro lado, a diferencia de lo que acontece en Oriente, esta subcodificación del código se encuentra en una inquietud constante, en un proceso de recomposición sin fin. Los medios de producción, el instrumento de trabajo, las perspectivas de enfrentamiento a la naturaleza se modifican incesantemente en la medida en que el mercado, en nombre de un sujeto comunitario inexistente, exige a su manera un progreso cuantitativo y cualitativo de la fuerza productiva.

Dos tipos de identidad concreta, dos situaciones diferentes para la actividad cultural. En el Oriente puro, ella tiene ante sí una reproducción del código y de su subcodificación de carácter hermenéutico; en el Occidente puro, en cambio, una reproducción de los mismos que es de carácter re-constructivo. El momento crítico, esencial para la dimensión cultural, se cumple por dos vías contrapuestas que sólo difícilmente pueden reconocerse como tales entre sí: dentro de la primera la crítica sólo puede darse como un modo de la conservación; dentro de la segunda, ella tiene que darse como un modo de la innovación.

En el siglo XVII americano, en medio y a partir de las miserias dejadas por el siglo de la conquista ibérica, el "encuentro de los dos mundos" inaugura, por iniciativa de los americanos, una "empresa histórica mestiza", la de reconstruir —que no prolongar— en América la civilización europea. Es una empresa a primera vista imposible, pues debe "cuadrar el círculo", poner en concordia dos identidades provenientes de la elección, ya en tiempos arcaicos, de dos vías de concretización contrapuestas, la de Oriente y la de Occidente. Pero es una empresa que, aunque haya avanzado "por el lado malo" —como decía Hegel que avanza la historia—, ha demostrado que es la única que puede guiar a una sociedad moderna diferente de la establecida en una vía que no sea la de la barbarie; barbarie hacia la que conduce inevitablemente la estrategia arcaica de convivencia con el Otro, restaurada por la modernidad capitalista bajo la forma de "*apartheid*", que propugna la toma de distancia y el respeto hostil hacia él.

Lección VII

MODERNIDAD Y CULTURA

En las condiciones del capitalismo tardío, incluso los bienes hechos para la felicidad se convierten en elementos de la infelicidad. Dada la ausencia del sujeto social, la masa de los mismos [...] genera hoy, en virtud de la entronización de ciertos grupos de poder en el lugar de ese sujeto social, la amenaza mundial del fascismo: el progreso se trastoca en regresión.

MAX HORKHEIMER Y THEODOR W. ADORNO, *Dialéctica de la Ilustración*

Por *MODERNIDAD* habría que entender el carácter particular de la forma de totalización civilizatoria que ha dominado sobre las demás en Europa y América desde el siglo XVI, y que tiende desde el siglo XIX a hacer lo mismo también a escala planetaria. Como es característico de toda realidad humana, la modernidad presenta un juego de dos niveles diferentes de presencia real: el posible o potencial y el actual o efectivo. En el primer nivel, la modernidad puede ser vista como una forma ideal de totalización de la vida humana. Como tal, como esencia de la modernidad, aislada hipotéticamente de las configuraciones que le han dado una existencia empírica, la modernidad se presenta como si fuera una realidad de concreción en suspenso o potencial, todavía indefinida, como si fuera una exigencia "indecisa", aún polimorfa: como una substancia que pudiese estar en el momento de "buscar" su forma o dejarse "elegir" por ella (momento en verdad imposible, pues la substancia y la forma sólo pueden ser simultáneas).

En el segundo nivel, la modernidad puede ser vista como una configuración histórica efectiva de la sociedad; como tal, ella deja de ser una realidad de orden ideal e impreciso y se presenta de manera múltiple en una serie de actualizaciones históricas de distintos proyectos e intentos; actualizaciones que, al sucederse unas a otras o al coexistir unas con otras en conflicto por el predominio, dotan a su existencia real de formas particulares sumamente variadas.

Modernidad potencial y modernidad efectiva, su fundamento parece encontrarse en la consolidación indetenible —primero lenta, en la Edad Media, después acelerada, a partir del siglo XVI, e incluso explosiva, de la revolución industrial hasta nuestros días— de un cambio tecnológico que afecta a la raíz misma de las múltiples "civilizaciones materiales" del ser humano. Se trata de una revolución profunda que trae consigo un "salto cualitativo" en la escala de la operatividad instrumental del trabajo humano, tanto del medio de producción como de la propia fuerza de trabajo; ambos experimentan un perfeccionamiento que lleva a la actividad humana a un orden de medida superior, en el que se abre un horizonte inédito de posibilidades de dar y recibir formas, desconocido durante milenios de historia. De estar acosadas y sometidas por el universo exterior al mundo conquistado por ellas (universo al que ellas reconocerán como "Naturaleza"), las fuerzas productivas pasan a ser, aunque no más potentes que él en términos absolutos, sí más poderosas que él en lo que concierne a sus propósitos específicos; instalan por fin al hombre en la "jerarquía prometida" de "amo y señor de todo lo creado".

Temprano, ya en la época de la "invención de América", cuando la Tierra redondeó definitivamente su figura para el hombre y le transmitió la medida de su finitud dentro del universo infinito, un acontecimiento profundo comenzaba a hacerse irreversible en la historia de los tiempos lentos y los hechos de larga duración. Una mutación en la estructura misma de la "forma natural" —substrato civilizatorio elemental— del proceso de reproducción social venía a minar lentamente el terreno sobre el cual todas las sociedades históricas tradicionales, sin excepción, tienen establecida la concreción de su código de vida originario. Una vieja sospecha volvía entonces a levantarse —ahora sobre datos cada vez más confiables—: que la escasez no constituye la "maldición *sine qua non*" de la realidad humana; que el modelo bélico que ha inspirado todo proyecto de existencia histórica del hombre, convirtiéndolo en una estrategia que condiciona la supervivencia propia a la aniquilación o explotación de lo Otro (de la Naturaleza, extrahumana o humana), no es el único posible; que es imaginable —sin ser una ilusión— un modelo diferente, en el que el desafío dirigido a lo Otro siga más bien el modelo del *Eros*.

De manera especialmente aguda en el Occidente europeo del siglo XI, esta "revolución posneolítica" desata una crisis civilizatoria radical. El compromiso histórico que llevó a las distintas comunidades de producción/consumo a singularizarse o individuarse concretamente en torno al productivismo como respuestas a la situación de escasez comenzó a perder su vigencia. Una profunda "crisis de identidad" comenzó a afectar a todas las distintas estrategias de concretización de la vida humana, una crisis que, prolongándose por debajo del intento de los estados modernos de solucionarla mediante la construcción de las identidades nacionales, ha revivido con fuerza desde finales del siglo XX.

La universalización abstracta, igualitarista y homogenizadora del ser humano que pretendió alcanzar la Iglesia cristiana se opuso siempre, de manera absurda —por impracticable—, a la existencia misma de una formación concreta del mundo de la vida. Ésta es siempre, en efecto, en todos los casos, un acondicionamiento del cosmos como el conjunto posible de valores de uso o valores relativos a su disfrute por el ser humano, referidos a una afirmación de la vida terrenal.

Empeñada en reducir la vida de los seres humanos a un tránsito de sus almas por el mundo, a una serie de episodios de prueba y castigo en el drama de su salvación, en consideración de lo cual todo valor de uso no es otra cosa que una oportunidad de pecado y recaída, la campaña de evangelización y

expansión religiosa de la Iglesia fue una empresa de colonización de los pueblos europeos y de destrucción de las formas
arcaicas de vida que ellos cultivaban. En esos tiempos del
cuidado fanático, milenarista, de la fe y la doctrina, de la comunidad espiritual del pueblo de Dios, la Iglesia intentó im-
poner una cultura cuyo criticismo extremo —un criticismo
unilateral, no dialéctico— la convertía en una "anti-cultura",
en una negación que acababa con la consistencia concreta de
las identidades que hubiera debido cultivar.

La centenaria labor de la Iglesia en contra de las formas
concretas del valor de uso y su cultura no hacía otra cosa que
acompañar desde el terreno espiritual de la política religiosa, a manera de contrapunto, un proceso que se desarrollaba
desde mucho antes en el escenario material de la economía
y que culminaría en el siglo xv: el proceso de afirmación del
productivismo occidental como un productivismo mercantil o abstracto, es decir, el proceso de subordinación del valor
de uso de la mercancía —esto es, del bien o producto que se
hace para y desde el mercado— al valor económico abstracto que hay en ella. Se trata de un proceso de relativización de
la vigencia de las formas arcaicas de identidad impresas en el
valor de uso y de subordinación de las mismas a las exigencias informes, puramente cuantitativas, de la realización de
ese valor económico.

Pero el contrato histórico de colaboración entre la religión cristiana y la economía mercantil se rompe alrededor
del siglo xv. Y quien lo rompe es esta última, que ha aban-
donado poco a poco su productivismo mercantil abstracto y
ha entrado en el productivismo específicamente moderno
que es el productivismo mercantil capitalista; un productivismo que ahora tiene como *télos* no sólo la posesión del valor
mercantil y su atesoramiento, sino —entrando en un círculo

vicioso— la producción de ese valor por sí misma. La capacidad re-socializadora que ha alcanzado la circulación mercantil de la riqueza es una capacidad potenciada puesto que el motor de esa re-socialización —que hasta entonces había permanecido como prerrogativa de las comunidades productoras/consumidoras de las cosas como objetos concretos, como valores de uso— ha pasado ahora a residir en ella misma como circulación mercantil-capitalista. Convertida en escenario de la actuación del sujeto enajenado, es decir, de la autovalorización del valor o la acumulación del capital, la circulación mercantil-capitalista ha dejado de ser un mecanismo que sólo deforma al valor de uso de las cosas al ayudarlo a realizarse, para convertirse ahora en una entidad que pretende dirigir la producción misma de ese valor de uso, sustituir a la comunidad concreta como determinadora de la consistencia cualitativa del mismo. Sometidos a esta pretensión, tanto el valor de uso tradicional como las singularidades concretas que se expresan en él reciben una influencia destructiva que irá creciendo a medida que avanza la historia de la modernidad.

Pero, también en el siglo XV, la influencia de la activación autodeterminada del mercado capitalista sobre la producción y el consumo de la riqueza es la causa de otro fenómeno, de signo contrario: una reactivación explosiva de la demanda dirigida al contenido de valor de uso que es imprescindible en toda mercancía, un valor de uso reformulado ahora por el capital. El "hombre nuevo" de esa época otorga consistencia humana al valor valorizándose, al capital, que necesita excitar la proliferación del valor de uso en la medida en que ella es el vehículo de su realización como tal. Descreído, en la vida práctica, de la imagen cristiana del mundo que hacía de éste un lugar de castigo en el que hay que abstenerse de

apreciar el valor de uso porque es un peligro para el alma,
este nuevo tipo de ser humano que aparece en las ciudades
burguesas comienza a explorar con voracidad el repertorio
fascinante de los "bienes terrenales". Siente la necesidad de
reconcretizar el mundo de la vida y ve que sólo puede hacerlo
si inventa nuevas cualidades para los satisfactores producidos en su proceso de reproducción, puesto que las puramente locales o arcaicas ya no están o ya no se sostienen.[1]

El conjunto de las viejas cualidades del mundo de la vida,
que tal vez pudo ponerse en pie nuevamente después de mil
años de devastación cristiana, le resulta demasiado limitado al
"hombre nuevo"; es un espejo deficiente de las potencialidades que él descubre en sí mismo —inconexas, incoherentes,
informes—, una imagen disminuida de la personalidad que él
quisiera tener. El espacio para la creación se abre de par en
par. Más que la propuesta humanista de pensar y vivir a la
manera de los antiguos —de quienes supieron hacerlo afirma-
tivamente sobre la Tierra—, el intento que retrata de manera paradigmática lo que será el destino de la reproducción de
las identidades y de su cultura en la época moderna es el afán
renacentista del nuevo señor urbano de confeccionarse un
mundo a su medida y de inventarse una imagen de sí mismo
acorde con sus ambiciones; copiar o "*rimodernar*" las formas
antiguas es el primer resultado, aún ingenuo, de ese afán.

[1] Menosprecio en un sentido y solicitación en otro son las dos actitudes
contrapuestas que retratan, en los comienzos de la época moderna, el comportamiento "esquizoide" del "hombre nuevo" respecto del valor de uso en
su práctica cotidiana. Por un lado, el desconocimiento —pro-mercantil—
de las figuras concretas tradicionales del valor de uso y de los universos
sociales arcaicos que pretenden reproducirse en la producción y el consumo
de los mismos; por otro, la búsqueda —anti-mercantil— de una figura
concreta para su riqueza, un valor de uso que sea el soporte material
adecuado al valor mercantil generado con su trabajo.

La esencia de la modernidad se constituye en un momento crucial de la historia de la civilización occidental europea y consiste propiamente en un reto o desafío —que a ella le tocó provocar y que sólo ella estuvo en condiciones de percibir y reconocer prácticamente como tal—; un reto que le plantea la necesidad de elegir, para sí misma y para la civilización en su conjunto, un cauce histórico de orientaciones radicalmente diferentes de las tradicionales, dado que tiene ante sí la posibilidad real de un campo instrumental cuya efectividad técnica permitiría que la escasez relativa —esto es, la abundancia— sustituya a la escasez absoluta en calidad de situación originaria y experiencia fundante de la existencia humana sobre la tierra.

Su encuentro con el fundamento de la modernidad puso temprano a la civilización europea en una situación de conflicto y ruptura consigo misma que otras civilizaciones sólo conocerán más tarde y con un grado de interiorización mucho menor. La civilización europea debía dar forma o convertir en substancia suya un estado de cosas inédito —el de la abundancia posible, que la fantasía del género humano había pintado desde siempre como lo más deseable e irrealizable— cuya dirección espontánea iba justamente en sentido contrario al del mundo formal que ella había levantado a partir del estado de cosas de la escasez absoluta.

De todas las modernidades efectivas que ha conocido la historia, la más operativa de todas y la que por tanto ha podido desplegar de manera más amplia sus potencialidades ha sido hasta ahora la modernidad de las sociedades industriales de la Europa noroccidental, aquella que, desde el siglo XVI hasta nuestros días, se conforma en torno al hecho radical de la subordinación del proceso de producción y consumo de la riqueza social al "capitalismo", a una forma muy especial de organización de la vida económica.

La presencia de la modernidad capitalista es contradictoria en sí misma. Encomiada y detractada, nunca su elogio puede ser puro como tampoco puede serlo su denuncia —siendo muchas veces aquello mismo que motiva su encomio lo que es también razón de su condena. El carácter contradictorio de la modernidad capitalista parece provenir de un desencuentro entre los dos términos que la componen. Paradójicamente, la empresa más radical que registra la historia de interiorizar el fundamento de la modernidad —la de la civilización occidental europea y su conquista de la abundancia— sólo pudo llevarse a cabo mediante una organización de la vida económica que implica la negación de ese fundamento.

El modo capitalista de reproducción de la riqueza social requiere, para afirmarse y mantenerse en cuanto tal, de una infra-satisfacción siempre renovada del conjunto de necesidades sociales establecido en cada caso. Karl Marx hablaba incluso de una "ley general de la acumulación capitalista".[2] Sin una población excedentaria —es decir, sin derecho a la participación en la riqueza social, sin derecho a la existencia— la forma capitalista no puede cumplir su función mediadora en el proceso de producción/consumo de los bienes sociales —esa función que al posibilitarlo no sólo lo deforma, sino lo desvirtúa—; necesita de ella para hacer que la compra y la explotación de la fuerza de trabajo les resulte "rentable", les deje un plusvalor, una ganancia, a los propietarios de los

---

[2] Escribía: "El hecho de que los medios de producción y la capacidad productiva del trabajo crecen más rápidamente que la población productiva se expresa, de manera capitalista, a la inversa: la población de los trabajadores crece siempre más rápidamente que la necesidad de valorización del capital" (Karl Marx, *Das Kapital*, 1867, p. 632).

medios de producción. Por ello, la tarea primordial de la economía capitalista es reproducir la condición de existencia de su propia forma: construir y reconstruir incesantemente una escasez absoluta justo a partir de las posibilidades renovadas de la abundancia: una escasez absoluta artificial.

Las sociedades europeas emprenden la aventura de conquistar y asumir el nuevo mundo prometido por la re-fundamentación práctica de la vida civilizada, y el arma que emplean es la economía capitalista. Pero el comportamiento de ésta, aunque es efectivo, es también contraproducente. El capitalismo provoca en la civilización europea el diseño esquemático de un modo no sólo deseable, sino realmente posible de vivir la vida humana, despierta un proyecto dirigido a potenciar las oportunidades de vivir en libertad, pero, contradictoriamente, sólo lo hace para obligarle a que, ella misma, con el mismo trazo, reniegue de este proyecto y haga de ese diseño una composición irrisoria, una burla de sí mismo.

A un tiempo fascinantes e insoportables, los hechos y las cosas de esta modernidad manifiestan bajo dicha forma contradictoria aquello que constituye el hecho fundamental de la economía capitalista: la contradicción irreconciliable entre su sentido como proceso concreto de trabajo/disfrute —un sentido "natural", proveniente de la historia del "metabolismo" entre el ser humano y lo Otro— y su sentido como proceso abstracto de valorización/acumulación —un sentido "enajenado", proveniente de la historia de la autoexplotación del ser humano productivista o "hijo de la escasez".[3]

[3] La descripción y crítica que Marx hizo de la "riqueza de las naciones" en su forma capitalista echa luz sobre la contradicción entre modernidad y capitalismo que se observa en los distintos fenómenos característicos de la modernidad dominante. Según esa descripción, la forma o el modo capitalista de la riqueza social —de su producción, circulación y consumo— es la

Sometidas en mayor o menor medida al destino que les ha impuesto el capitalismo, las múltiples configuraciones históricas efectivas de la modernidad aparecen como el despliegue de las distintas re-formaciones de sí mismo que el Occidente

mediación ineludible, la única vía que las circunstancias históricas abrieron para el paso de la posibilidad de la riqueza moderna a su realidad efectiva. Se trata, sin embargo, de una vía que, por dejar fuera de su cauce cada vez más posibilidades de entre todas las que está llamada a conducir, hace de su necesidad una imposición y de su servicio una opresión.

El proceso de producción de objetos con valor de uso genera por sí mismo nuevos principios cualitativos de complementación entre la fuerza de trabajo y los medios de producción; esbozos de acoplamiento que tienden a despertar en la red de conexiones técnicas que los une, por debajo y en contra de su obligatoriedad y su utilitarismo tradicionales, una dimensión gratuita (lúdica, ceremonial, estética). Sin embargo, la actividad productiva no puede cumplirse en los hechos si no obedece a un principio de complementación entre el trabajador y sus medios que persigue un *télos* diferente, la acumulación del plusvalor explotado. De esta manera, el principio de complementación que rige la conjunción de la fuerza de trabajo con los medios de producción, y que determina realmente la elección de las técnicas productivas encierra en sí mismo una contradicción. No puede dejar de aprovechar las oportunidades de acumulación que ese nuevo acoplamiento productivo promete, pero no puede hacerlo sin correr el peligro de despertar así a una fuerza impugnadora incontrolable.

Igualmente, el proceso de consumo de objetos producidos crea por sí mismo nuevos principios de disfrute que tienden a hacer de la relación técnica entre necesidad y medios de satisfacción un juego de correspondencias. De hecho, sin embargo, el consumo moderno acontece únicamente si se deja guiar por un principio de disfrute diametralmente opuesto: el que deriva del "consumo productivo" capaz de convertir al plusvalor en pluscapital. El principio capitalista de satisfacción de las necesidades es, así, él también intrínsecamente contradictorio: para aprovechar la diversificación de la relación técnica entre necesidades y satisfactores tiene que violar el juego de equilibrios cualitativos entre ellos y someterlo a los plazos y las prioridades de la acumulación de capital; a su vez, para ampliar y acelerar esta acumulación, tiene que provocar la efervescencia caótica e irrefrenable de ese proceso diversificador.

europeo puede "inventar" —unas como intentos aislados, otras coordinadas en grandes proyectos globales— con el fin de responder a esa novedad absoluta desde el nivel más elemental de su propia concreción estructural. Más o menos logradas en cada caso, las diferentes modernidades capitalistas que ha conocido la época moderna, lejos de "agotar" la esencia de la modernidad y de cancelar así el trance de elección, decisión y realización que ella implica, han despertado en ella perspectivas cada vez diferentes de autoafirmación y han reavivado la necesidad de ese trance, cada cual a su manera. Las muchas modernidades, las que se generaron en siglos anteriores y las que siguen apareciendo, son figuras dotadas de vitalidad concreta porque siguen constituyéndose conflictivamente como intentos singularizados de formación de una materia —el revolucionamiento posneolítico de las fuerzas productivas— que aún ahora, en tiempos que quisieran ser posmodernos, no acaba de perder su rebeldía.

EL ANTROPOMORFISMO MODERNO

El conflicto permanente entre la esencia de la modernidad y el capitalismo —la primera como esbozo de una existencia abundante y emancipada, y este último como la mediación efectiva de su realización— confiere a la vida social moderna una peculiaridad muy marcada que suele describirse mediante una serie de determinaciones características en la que coinciden numerosos autores: el racionalismo, el progresismo, el individualismo, el urbanicismo, el economicismo, el nacionalismo, etcétera. Tal vez, siguiendo a Heidegger, la mejor manera de relacionar entre sí esas determinaciones y encontrar un principio de coherencia en su conjunto sea

considerarlas como variaciones específicas de una determinación fundamental que estaría en el centro del mismo y
que organizaría su sentido. Esa determinación fundamental
sería el "humanismo".

Más allá de la intención política reaccionaria que tiene
en Heidegger la elección de este término, podemos entender por "humanismo" un antropocentrismo exagerado, una
valoración del ser humano como "medida de todas las cosas" que llevaría su afirmación hasta el umbral de una "an-
tropolatría". No solamente la tendencia del ser humano a
crear para sí un mundo (cosmos) autónomo y dotado de
una autosuficiencia relativa respecto de lo Otro (el caos),
sino más bien su pretensión de supeditar la realidad misma
de lo Otro (todo lo extra-humano, "infra-" o "sobre-huma-
no") a la suya propia; su afán de constituirse en calidad de
"Hombre" o sujeto puro e independiente, frente a un Otro
convertido en puro objeto, en mera contraparte suya, en
"Naturaleza".

No simple expulsión, sino aniquilación sistemática y permanente del caos —lo que trae consigo una eliminación o
colonización siempre renovada de la "barbarie"—, el humanismo afirma un orden e impone una vida práctica que
tienen su origen en el triunfo aparentemente definitivo de la
técnica racionalizada sobre la técnica mágica. Se trata de algo
que puede llamarse "la muerte de la primera mitad de Dios"
y que consiste en una "des-divinización" o un "des-encanta-
miento": la abolición de lo divino-numinoso en su calidad
de garantía de la efectividad del campo instrumental de la
sociedad. Dios, como fundamento de la necesidad del orden
cósmico, deja de existir, deja de ser requerido como prueba
fehaciente de que la trans-naturalización que separa al hombre del animal es en verdad un pacto entre la comunidad

que sacrifica y lo Otro que accede. Si antes la fertilidad y la productividad eran puestas por el compromiso o contrato establecido con una voluntad superior, arbitraria pero asequible a través de sacrificios e invocaciones, de ofrendas y conjuros, ahora, en la modernidad, son el resultado del azar. Sólo que de un azar cuyos límites de imprevisibilidad pueden ser calculados con precisión cada vez mayor por el entendimiento humano; de una casualidad que puede así ser "domada" y aprovechada por la razón instrumentalista y el poder económico-técnico al que ella sirve.

El racionalismo moderno, el triunfo de las luces del entendimiento sobre la penumbra del mito, que implica la reducción de la especificidad de lo humano al desarrollo de la facultad de raciocinio y la reducción de ésta al modo en que ella se realiza en la práctica puramente técnica o instrumentalizadora del mundo, es el modo de manifestación más directo del humanismo propio de la modernidad capitalista.

Se trata, en esta construcción "hiper-humanista" de mundo, de una *hybris* o desmesura cuya clave se ubica en la efectividad práctica del conocer ejercido como un trabajo de "apropiación" intelectiva del referente, así como en la efectividad metódica del tipo matemático-cuantitativo de la razón empleada por él. El buen éxito económico de su estrategia como *animal rationale*, tanto en la competencia mercantil como en la lucha contra la "Naturaleza", confirma al "hombre nuevo" en su calidad de sujeto, fundamento o actividad autosuficiente, y lo lleva a consolidarse y substancializarse en calidad de subjetidad pura. Incluso el proceso de reproducción social al que pertenece se convierte para él en un objeto del que pretende distinguirse y sobre el que se enseñorea.

Todos los elementos que incluye este proceso, desde la simple naturaleza humanizada —sea la del cuerpo individual

o colectivo o la del territorio que él ocupa— hasta el más
elaborado de los instrumentos y procedimientos; todas las
funciones que implica, desde la más material, procreativa o
productiva, hasta la más espiritual, política o estética; toda
la consistencia de la vida humana y su mundo es reducida
de esta manera a la categoría de materia dispuesta para él,
quien, por su parte, es pura iniciativa.

Esta *hybris* del antropomorfismo parece estar en la base
de las otras determinaciones reconocidas como propias de la
modernidad; a tal punto, que todas ellas podrían ser tratadas
como variaciones de él en diferentes zonas y momentos de
la vida social. Así sucede, en efecto, en los casos del progresismo, el urbanicismo, el individualismo y el nacionalismo.

La historicidad es una característica esencial de la actividad social; la vida humana sólo es tal porque se interesa en
el cambio al que la somete el transcurso del tiempo; porque
lo asume e inventa disposiciones ante su inevitabilidad. Dos
procesos coincidentes pero de sentido contrapuesto constituyen siempre a la transformación histórica: el proceso de
innovación o sustitución de lo viejo por lo nuevo y el proceso de renovación o restauración de lo viejo como nuevo.
El progresismo consiste en la afirmación de un modo de
historicidad en el cual el primero de estos dos procesos prevalece y domina sobre el segundo. En términos estrictamente progresistas, todos los dispositivos prácticos y discursivos
que posibilitan y conforman el proceso de reproducción
de la sociedad —desde los procedimientos técnicos de la
producción y el consumo, en un extremo, hasta los ritos
y ceremonias festivas, en el otro, pasando por los usos del
habla y los aparatos conceptuales, e incluso por los esquemas del gusto y la sociabilidad— se encontrarían inmersos
en un movimiento de cambio indetenible que los lleva de

un estado "defectuoso" a otro cada vez "más (cercano a lo) perfecto".

El progresismo puro se inclina ante la novedad innovadora ("modernista") como ante un valor positivo absoluto; según él, por ella, sin más, se alcanzaría de manera indefectible lo que siempre es mejor: el incremento de la riqueza, la profundización de la libertad, la ampliación de la justicia, en fin, las "metas de la civilización". En general, su experiencia del tiempo es la de una corriente no sólo continua y rectilínea, sino además cualitativamente ascendente, sometida de grado a la atracción irresistible que el futuro ejerce por sí mismo en tanto que sede de la excelencia.

Lejos de centrar su perspectiva temporal en el presente, la modernidad progresista tiene al presente en calidad de siempre ya rebasado; vaciado de contenido por la prisa del fluir temporal, el presente sólo tiene en ella una realidad virtual, inasible. Es por ello que el "consumismo" —cuya gestación analizó Benjamin en el París del siglo XIX— puede ser visto como un intento desesperado de atrapar un presente que ya amenaza con pasar sin haber llegado aún, de compensar con una aceleración obsesiva del consumo de más y más valores de uso algo que es en sí una imposibilidad de disfrute de uno solo de los mismos.

La constitución del mundo de la vida, en el sentido del "humanismo moderno", como una sustitución del caos del objeto por el orden del sujeto —y de la barbarie por la civilización—, se encauza no sólo en la construcción del tiempo social como progresismo, sino también en la construcción del espacio social. En efecto, el urbanismo no es otra cosa que el progresismo pero trasladado a la dimensión espacial, la tendencia a construir y reconstruir el lugar de lo humano como la materialización incesante del tiempo del progreso. Afuera, como reducto del pasado, dependiente y dominado, separado de la periferia natural o salvaje por una frontera inestable, se encuentra el espacio rural: un mosaico de recortes agrarios dejados o puestos por la red de interconexiones urbanas, el lugar del tiempo agonizante o apenas vitalizado por contagio. En el centro, la *city*, el lugar de la actividad incansable y de la agitación creativa, el "abismo en el que se precipita el presente" o el sitio donde el futuro brota y comienza a realizarse. Y, desplegada entre los dos, entre la periferia y el núcleo, la constelación de los conglomerados citadinos unidos entre sí por las nervaduras del sistema de comunicación: el espacio urbano, el lugar del tiempo vivo que repite en su traza la espiral centrípeta de la aceleración futurista —y reparte también, sobre el registro topográfico, la jerarquía del dominio.

Originado en la muerte de "la otra mitad de Dios" —la de su divinidad como gravitación cohesionadora de la comunidad—, el individualismo moderno es la versión que el "humanismo" adopta en el proceso de socialización de los individuos, de su reconocimiento e inclusión como personas o miembros identificables dentro del género humano. El reemplazo de la socialización comunitaria por la socialización mercantil, y el fracaso que esto implica de la realización arcaica de la politicidad humana como religiosidad, hacen del individuo social constituido como propietario privado un ente a la vez poderoso y vacío; éste es, en efecto, por un lado, la voluntad o sujetidad pura —corporización, en calidad de iniciativa humana, de la tendencia abstracta del valor mercantil a realizarse en el mercado—, pero es también, por otro, un reclamo de identidad concreta, de singularidad cualitativa. El individualismo moderno es la característica del "hombre que se hace a sí mismo", de aquel que se descubre capaz

de desdoblarse y así ponerse frente a sí como si él mismo
fuera un objeto de su propiedad (el "cuerpo propio" que se
tiene y no se es, un aparato exterior al sujeto puro, compuesto
de apetencias y facultades), como si fuera un muñeco inani-
mado al que se le puede insuflar una personalidad elaborada
exprofeso.

Por esta razón el individualismo moderno tiene una con-
trapartida que lo complementa: el nacionalismo moderno.
La necesidad social de colmar la segunda ausencia divina,
de poner algo en el lugar de la comunidad destruida o de
la *ecclesia* perdida, se satisface en la modernidad capitalista mediante una re-sintetización puramente funcional de la
identidad comunitaria y de la singularidad cualitativa del
mundo de la vida en la figura del Estado nacional. La exigencia social de afirmarse y reconocerse en una figura real y
concreta se acalla mediante la construcción de un sustituto
de concreción aportado por la figura ilusoria de la identidad
nacional. Realidad de consistencia derivada, la identidad nacional de la modernidad capitalista descansa en una voluntad sustentable del nacionalismo, entre ingenua y coercitiva:
la de confeccionar, a partir de los restos de las comunidades
arcaicas, de la "nación natural", ya negada y desconocida, un
conjunto de marcas singularizadoras, capaces de nominar o
distinguir como compatriotas o connacionales a los individuos abstractos (propietarios privados) cuya existencia depende de su asociación a la empresa estatal.

La incongruencia entre modernidad y capitalismo se
manifiesta con toda claridad en el "humanismo" de la vida
moderna y en las otras características que derivan de él. La
"muerte de Dios" no implica necesariamente que su lugar
quede vacío y que deba ser llenado por la sujetidad desme-
surada del ser humano. Lo que ella implica, por el contrario,

es una incitación a vivir sin él y sin su trono, es decir, a levantar un cosmos no en enemistad, sino en connivencia con lo Otro, un cosmos en el que no se deba repetir una y otra vez la escena traumática de la transnaturalizacón fundadora, sino en el que se abra y se libere la entrada al juego de las sublimaciones.

La modernidad, motivada por una lenta pero radical transformación revolucionaria de las fuerzas productivas, es una promesa de abundancia y emancipación, una promesa que llega a desdecirse a medio camino porque el medio que debió elegir para cumplirse, el capitalismo, la desvirtúa sistemáticamente. Sólo así es que la "muerte de Dios" llega a convertirse en una deificación del Hombre, que la apertura del mundo de la vida termina por llevar a una clausura futurista del tiempo y a un estrechamiento urbanicista del espacio, que la liberación del individuo desemboca en una pérdida de su capacidad de convivir en reciprocidad con los otros y una sujeción siempre renovada a una comunidad ilusoria.

El antropomorfismo moderno es la respuesta al "fenómeno de la enajenación" propio de la efectuación capitalista de la modernidad. Junto con Dios, el sujeto humano como entidad social comunitaria se encuentra en ella, en principio, condenado a la inexistencia. La facultad política que lo caracteriza, su capacidad de decidir por sí mismo sobre su propia realización, sobre la construcción de su identidad, ha sido clausurada en él y exteriorizada, cosificada o enajenada en el valor que se valoriza; él mismo ha sido sustituido por la empresa de acumulación de capital. Por esta razón, todo intento que surja en la sociedad de recobrar esa sujetidad, y que lo haga sin impugnar o contradecir, sin implicar una resistencia o una rebeldía contra el hecho de esta enajenación,

se convierte inmediatamente en un simulacro de la sujetidad enajenada, de la sujetidad del valor mercantil-capitalista. No hace otra cosa que repetir como gesto lo que en ésta
es una realidad: ser una forma que subsume o subordina de
manera absoluta a su contenido, que, al formarlo, lo vacía
de toda forma anterior que pueda haber espontáneamente
en él. La *hybris* moderna del antropomorfismo es el intento
de la vida social de ejercer como si fuera suya una sujetidad
que no posee, que continúa enajenada; es un intento "malo"
porque no recobra, sino imita, con toda su deformación, la
sujetidad que le está siendo arrebatada por el capital.

La cultura en la modernidad capitalista

La cultura moderna puede ser caracterizada como una reproducción de identidades de todo tipo que —en el énfasis propio de su momento autocrítico— se desenvuelve en
medio de una contradicción insalvable, misma que contrapo-
ne su necesidad de impugnar la inconsistencia de las formas
identitarias arcaicas —carentes del fundamento que determi-
naba su concreción antes de la modernidad— a su necesidad
de cuestionar la vaciedad de las nuevas formas identitarias
con las que el "humanismo" moderno pretende sustituir a
las primeras.

Miremos un poco más de cerca esta contradicción.

El "desarraigo" o *Heimatlosigkeit*[4] es una de las experiencias fundamentales de la condición humana en la modernidad actual. Es, en la existencia cotidiana, la experiencia de

---

[4] Intercambio intencionalmente los términos castellanos "desarraigo" y "carencia de patria" que traducen, respectivamente, a los alemanes
"*Entwurzelung*" y "*Heimatlosigkeit*".

la inconsistencia del presente, de la "inasibilidad" de los valores de uso, de la imposibilidad de llegar al núcleo de la "forma natural" de los objetos del mundo de la vida. O, lo que es lo mismo, es la experiencia de una ausencia: la de una fuente última de sentido o coherencia profunda en las significaciones que se producen y consumen en la práctica y en el discurso.

En la experiencia del desarraigo se conjugan en verdad dos experiencias coincidentes, la una referida a la caducidad de las formas premodernas del mundo de la vida y la otra referida al sacrificio de las formas propiamente modernas de ese mundo.[5]

El ser humano moderno, creatura de la sociedad re-socializada abstractamente por el mercado, se percibe condenado a la lejanía, extrañeza o ajenidad respecto de aquel escenario concreto en el que un valor de uso deviene lo que es, se realiza como tal.[6] Una falta de fundamento, un *status* contingente parece drenar sin remedio la vitalidad de las formas creadas por él. Es como si los valores de uso que se producen y consumen en la modernidad requiriesen, para

[5] La modernidad como utopía: ¿es posible inventar cualidades de un nuevo tipo, que sean a un tiempo universales y concretas? ¿Es posible producir y consumir valores de uso cuya concreción pueda pasar la prueba de la mercantificación, no perderse en su metamorfosis dineraria, sino afirmarse a través de ella? ¿Es posible vencer el desarraigo sin volver atrás, a la comunidad arcaica, sino yendo más allá de él, hacia un nuevo tipo de comunidad concreta? ¿Es posible una comunidad que asuma la consistencia puramente formal de su mismidad o identidad y que sea por tanto completamente "abierta" en lo referente a la "naturalidad" de su contenido?

[6] En la *derelictio*, el "*Geworfensein*", pensados como condición general de la existencia humana, Heidegger universaliza una experiencia que corresponde propiamente a la abolición moderna de la sociabilidad comunitaria al ser sustituida por la socialidad mercantil capitalista.

ser reales —y auténticos— la pertenencia a un espacio singular, identificado concretamente (una *Heimat*), un sitio conectado metonímicamente con el momento de la transnaturalización, testigo de un pacto aún renovable con lo Otro, con los dioses, con las fuerzas oscuras de la tierra. Arrancados de ese lugar, los valores de uso parecen solamente improvisaciones pasajeras, emergentes, incapaces de satisfacer a plenitud las necesidades o de entregar en verdad el disfrute que prometen.[7]

Por otro lado, la experiencia del desarraigo pertenece a un conjunto de experiencias de lo invivible que resulta el mundo de la vida en los momentos de fracaso del *éthos* que rige la construcción de la cotidianidad moderna. Porque, en efecto, en ésta, y particularmente en su componente rutinaria, funciona un *éthos* o un modo de uso estratégico del código del comportamiento humano dirigido a denegar la contradicción capitalista que está en el núcleo del mundo de la vida moderno. Sólo en virtud de esta denegación lo insoportable se vuelve soportable, sólo gracias a ella el sacrificio permanente del valor de uso en beneficio del valor, el hecho de la represión de lo moderno por lo capitalista, puede pasar inadvertido en la experiencia humana.

El recurso principal del *éthos* que protege al ser humano moderno ante el hecho del "desarraigo" consiste —acorde con el "humanismo" que responde a la "muerte de Dios"—

---

[7] La cultura en la modernidad nunca logra escapar al acoso de una duda: ¿puede haber un valor de uso desentendido de las figuras arcaicas del mismo, desconectado de ellas; un valor de uso completamente nuevo, moderno —alejado del trauma de una transnaturalización cumplida en condiciones de escasez absoluta que se encierra en el valor de uso tradicional? ¿No es justamente la vigencia de ese trauma el secreto de lo valioso, el "oscuro objeto" que otorga su atractivo al valor de uso?

en una fuga hacia adelante, es decir, en un "creativismo" desatado.[8]

El fascinante espectáculo de la sociedad moderna, la artificialidad y la fugacidad de las configuraciones cada vez nuevas y diferentes que se inventa para su vida cotidiana y que se suceden sin descanso las unas a las otras hacen evidente su afán de compensar con aceleración lo que le falta de radicalidad.

¿Es posible crear *ex nihilo* un sistema de concreción para la vida humana y su mundo? ¿Es posible inventar una subcodificación para el código de la reproducción social? ¿Es posible una "política cultural" capaz de construir una identidad social? La *hybris* del creativismo cultural moderno presupone una respuesta afirmativa a estas tres preguntas —una respuesta que ignora el conflicto inherente a todas las formas tradicionales de lo humano, que desconoce el núcleo traumático en el valor de uso y la problemática posibilidad de trascenderlo—; para ella, "el Hombre es hechura exclusiva del propio Hombre." El "creativismo", la creación por la creación misma, oculta una imposibilidad real de crear nuevas formas. La exageración en el uso de la capacidad de reproducir de innumerables maneras las mismas formas establecidas hace manifiesta una impotencia para alterarlas en su estructura. El "creativismo" es el sustituto de la revolución formal que reclama la modernidad esencial y que resulta irrealizable. Es el fantasma de la creatividad impedida.

La experiencia del "desarraigo" como falta de sentido y falta de consistencia de las cualidades del mundo de la vida

---

[8] El creativismo cultural se hace más evidente como creativismo artístico, y sobre todo en el siglo XX, en ciertas versiones de la "vanguardia" que idolatran al artista como creador no sólo de los objetos bellos, sino de la Belleza misma: "sin él, lo bello no existiría".

es la experiencia del fracaso fundamental de la modernidad capitalista; el desperdicio de la oportunidad que está en la esencia de la modernidad de una "revolución en la identidad" o, mejor dicho, de una revolución en el modo de dar concreción a las identidades.

Desde sus inicios, la cultura moderna percibió, justamente a través de la experiencia del desarraigo, que el intento de cultivar las viejas formas de la identidad es un intento vano; que todas ellas son formas provenientes de una situación irrepetible en la que la validez de cada una dependía de la capacidad que demostraba su respectivo cosmos de enclaustrar su humanidad frente a la barbarie de los otros. Era una situación en que la universalidad podía confundirse inmediatamente con la concreción, puesto que la definición de "lo humano en general" coincidía plenamente con la definición de "lo propio". Radicalmente diferente de ella, la situación moderna proviene de la formación de un mercado mundial de existencia real y efectiva (y no sólo formal, como la que tuvo durante más de dos milenios), un mercado mundial que implica la interpenetración, a través de unos mismos términos de equivalencia, de los mercados locales más lejanos y desconocidos, la equiparación y el intercambio de los valores de uso más disímbolos que sea posible imaginar, en resumen: la presencia ineludible e inquietante del "Otro" en la esfera de las apetencias y las intenciones de "uno mismo".

El mercado mundial universaliza a todos los habitantes del planeta, aunque lo haga en términos puramente abstractos. Los constituye en calidad de miembros de un género humano compuesto de propietarios privados y, al hacerlo, rompe los "universos" cerrados del valor de uso en los que se reflejan las innumerables identidades concretas que están siendo conectadas entre sí.

A la cultura moderna se le vuelve problemático así algo
que en épocas premodernas le era, por obvio, indiferente:
la concordancia entre lo concreto y lo universal. Se enfrenta a una cuestión inédita que es justamente la que le da su
especificidad: ¿cómo resguardar la concreción de la forma
propia sin defender al mismo tiempo la insostenible pretensión de universalidad excluyente que le es constitutiva?
O, a la inversa, ¿cómo volver incluyente la universalidad
de la forma propia sin diluirla en la abstracción? El reto al
que ella responde es el de llevar a cabo una reafirmación
dialéctica de la figura singular del cosmos al que pertenece,
y hacerlo de tal manera que ello implique introducir en esa
figura una transformación revolucionaria, una sustitución
de su manera de articular ingenuamente lo concreto con lo
universal por otra, crítica, en la que tal articulación sólo se
da de una manera mediada, a través del juego de una universalidad concreta.

En la época moderna, como sólo sucedió probablemente
muy pocas veces antes en la historia, el cultivo de la figura
concreta de la sociedad, de su identidad, debió encontrar
la ocasión de convertirse en una actividad dirigida a la re-
fundación de la misma, a dejar de ser sólo una modificación
de la figura identitaria establecida —a la que sólo renueva o
recombina mientras la desubstancializa y resubstancializa—
y pasar a ser propiamente una re-constitución de la misma.
Una ocasión que debió darse gracias al paso histórico que
transformó la situación arcaica de escasez absoluta en una de
escasez sólo relativa, es decir, a la posibilidad de abandonar
el acomodo productivista de la estructura de la reproducción social y re-centrar a ésta en torno a la autorrealización
del sujeto humano. Se trata, sin embargo, de una ocasión
que la cultura moderna no llegó a tener y que sigue sin tener

todavía porque ese paso histórico se ha dado de un modo que lo anula en cuanto tal: el modo capitalista.

La identidad que la cultura moderna debe cultivar dialécticamente es una identidad en crisis permanente: crisis de su definición tradicional y crisis de su definición posible. De ahí que sea una cultura a la vez "mesiánica" y "utópica". En contra del creativismo, que sustituye la innovación necesaria con una fiebre renovadora, con un menosprecio arrogante hacia las formas tradicionales, ella cultiva, bajo el modo de rescatarlo o "salvarlo", el compromiso irrenunciable de la nueva humanidad con la humanidad arcaica que vitalizó a dichas formas. En contra del tradicionalismo, que confunde la defensa de las raíces arcaicas con la represión de lo innovativo, ella cultiva la proliferación de las nuevas formas que aparecen en toda la vida social moderna y que, a través de la distorsión capitalista, se adelantan ya en lo que "no tiene lugar", en la verdadera innovación.

BIBLIOGRAFÍA

Benjamin, Walter, *Illuminationen: Ausgeweahlte Schriften*, Suhrkamp, Frankfurt a. M., 1961. (Trad. esp.: *Iluminaciones,* Taurus, Madrid, 1980.)

Deleuze, Gilles, y Félix Guattari, *Capitalisme et schizophrénie*, Minuit, París, 1980. (Trad. esp.: *Capitalismo y esquizofrenia. El anti-Edipo,* Paidós, Barcelona y México, 1985.)

Eco, Umberto, *Apocalittici e integrati*, Bompiani, 1965. (Trad. esp.: *Apocalípticos e integrados,* Lumen, Barcelona, 1975.)

Gabel, Joseph, *La fausse conscience. Essai sur la réification*, Minuit, París, 1962. (Trad. esp.: *Formas de alienación.*

Ensayos sobre la falsa conciencia, Universitaria de Córdoba, Córdoba, 1967.)

Heidegger, Martin, *Die Zeit des Weltbildes,* en *Holzwege,* Klostermann, Frankfurt a. M., 1938. (Trad. esp.: "La época de la imagen del mundo", en *Sendas perdidas,* Losada, Buenos Aires, 1969.)

——, *Die Technik und die Kehre,* Pfullingen, Neske, 1962. (Trad. esp.: *La pregunta por la técnica,* Benemérita Universidad Autónoma de Puebla, Puebla, 1989.)

Heinrich, Klaus, *Versuch über die Schwierigkeit Nein zu sagen,* Stroemfeld-Roter Stern, Frankfurt a. M., 1982.

Horkheimer, Max, *Eclipse of Reason,* Oxford University Press, Oxford, 1947. (Trad. esp.: *Crítica de la razón instrumental,* Sur, Buenos Aires, 1973.)

——, y Theodor W. Adorno, *Dialektik der Aufklärung,* Fischer, Frankfurt a. M., 1971. (Trad. esp.: *Dialéctica del Iluminismo,* Sur, Buenos Aires, 1969.)

Kofler, Leo, *Zur Geschichte der bürgerliche Gesellschaft,* 1948-49. (Trad. esp.: *Contribución a la historia de la sociedad burguesa,* Amorrortu, Buenos Aires, 1974.)

Lefebvre, Henri, *Introduction à la modernité,* Minuit, París, 1962. (Trad. esp.: *Introducción a la modernidad,* Tecnos, Madrid, 1971.)

Lukács, Georg, *Geschichte und Klassenbewusstsein studien uber marxistische Dialektik,* Der Malik-Verlag, Berlín, 1923. (Trad. esp.: *Historia y conciencia de clase,* Grijalbo, México, 1969.)

ÍNDICE

Definición de la cultura, de Bolívar Echeverría, se terminó de imprimir en los talleres de Impresiones Integradas del Sur, S. A. de C. V., en abril de 2010. Se tiraron 2 000 ejemplares y la edición estuvo al cuidado de David Moreno Soto.